Christoph und Sabine Hein

111 Orte in Singapur, die man gesehen haben muss

emons:

Für Sarah, die hier ihre Welt entdeckt,
und unsere Eltern, die uns ziehen ließen

Bibliografische Information der Deutschen Nationalbibliothek
Die Deutsche Nationalbibliothek verzeichnet diese Publikation
in der Deutschen Nationalbibliografie; detaillierte bibliografische
Daten sind im Internet über http://dnb.d-nb.de abrufbar.

© Emons Verlag GmbH
Alle Rechte vorbehalten
© der Fotografien: Christoph Hein, Sarah Hein
© Covermotiv: shutterstock.com/Kinsei
Layout: Eva Kraskes, nach einem Konzept
von Lübbeke | Naumann | Thoben
Kartografie: altancicek.design, www.altancicek.de
Kartenbasisinformationen aus Openstreetmap,
© OpenStreetMap-Mitwirkende, ODbL
Druck und Bindung: Lensing Druck GmbH & Co. KG,
Feldbachacker 16, 44149 Dortmund
Printed in Germany 2018
ISBN 978-3-7408-0337-7
Originalausgabe

Unser Newsletter informiert Sie
regelmäßig über Neues von emons:
Kostenlos bestellen unter
www.emons-verlag.de

Vorwort

Ja, wir kennen sie, all diese Vorurteile: Singapur, der »Tropenübungsplatz«. »Asia light«. Eine Stadt für Anfänger, Weicheier und jene, die das wahre Leben und Reisen im Dschungel Asiens fürchten. Eine Stadt aus der Retorte, klimatisiert, gelenkt und geleitet, langweilig und dazu eine »fine city«, die Stadt der Strafen, Kaugummikauen verboten.

Genug davon. Singapur ist eine Metropole, die sich sehen lassen kann. Eine Weltstadt, die uns manches vormacht und von der sich lernen lässt. Nicht alles hier entspricht unseren Vorstellungen. Über vieles aber lohnt es sich, nachzudenken.

Die Stadt war und ist ein Schmelztiegel. Ort für Immigranten und Milliardäre, besiedelt von Seenomaden, aufgebaut von chinesischen Kulis und indischen Häftlingen, geführt von Briten, gepeinigt von den Japanern im Zweiten Weltkrieg. Aus dem Sündenbabel wurde eine Weltmetropole. Der spätere Nobelpreisträger Einstein suchte hier nach Geld, der chinesische Revolutionär Sun Yat Sen nach Anhängern und der junge Fotograf Helmut Newton nach Romanzen.

Die Stadt mit ihren fast sechs Millionen Menschen ist eine einzigartige Melange aus Zugereisten, Durchreisenden und den Nachkommen früher Einwanderer. Sie alle haben ihre Kulturen mitgebracht. Wo sonst auf der Erde existieren Kirche, Moschee und Hindutempel so einträchtig nebeneinander? Wo findet man einen China-Imbiss mit Michelin-Stern? Wo einen Friedhof für japanische Prostituierte? Und wo riesige Dünen hinter Stacheldraht mitten in der Stadt? Singapur ist eine der grünsten Städte der Erde. Sie erfindet sich gerade mit phantastischen Museen und den besten Architekten der Welt neu. Und hat – anders als Hongkong – gelernt, das Alte zu achten.

Nicht mehr als ein roter Punkt auf der Landkarte, ist Singapur doch längst ein führender Spieler Asiens geworden. Seine Geheimnisse sind verdeckt, nicht aber verloren. Kommen Sie mit auf die Suche!

111 Orte

1__ Der alte Bahnhof
Aus der Zeit gefallen | 10

2__ Das armenische Grab
Meisterstück mit Nationalblume | 12

3__ Der Autoturm
Autotraum im Autoturm | 14

4__ Das Baba House
Das Erbe der Peranakan | 16

5__ Die Berliner Mauer
Die Mauer bleibt stehen! | 18

6__ Der Billardtisch
Wildes Leben in der Dschungelstadt | 20

7__ Die Black-&-White-Häuser
Schöner Wohnen für Kolonialherren | 22

8__ Der Bukit-Brown-Friedhof
Fast im Dschungel verschwunden | 24

9__ Die bunte Polizeistation
Hier ging es nicht immer so bunt zu | 26

10__ Das Cathay Building
Verlorene Fassade, verlorene Leben | 28

11__ Die Cathedral of the Good Shepherd
Eine Zeitkapsel unter dem Glockenturm | 30

12__ Die Changi-Mural-Kopien
Der vergessene Maler | 32

13__ Chan Hou Mengs Imbiss
Ein Soja-Huhn greift nach den Sternen | 34

14__ Die Chesed-El Synagogue
Ein Heim in der Fremde | 36

15__ Das Chinese Cultural Centre
Traum in drei Teilen | 38

16__ Das chinesische Kaufhaus
Aufzug nach China | 40

17__ Das Civilian War Memorial
Vier Türme für die Ewigkeit | 42

18__ Der Club der Singvögel
Sängerkrieg der Tropenvögel | 44

19 — Das Corner House
Affige Wipfelstürmer | 46

20 — Das David Elias Building
Liebe unter dem Davidstern | 48

21 — Die drei Samsui-Frauen
»Trümmerfrauen« Singapurs | 50

22 — Das Durian Café
Ein grünes Stinke-Monster mit Stachel-Haut | 52

23 — Die Einstein-Gedenktafel
Erst Bittsteller, dann Nobelpreisträger | 54

24 — Die Eng-Aun-Tong-Fabrik
Der springende Tiger kuriert das Zwacken | 56

25 — Die ERP-Brücke
Zahlen, wenn es piepst | 58

26 — Die Former Ford Factory
Zwei Tage unter falschem Namen | 60

27 — Das Gandhi-Denkmal
Letzte Reise von Indiens Vater | 62

28 — Die gläsernen Drachen
Nachtarbeit für Blumenpracht | 64

29 — Das goldene Dach
Eine Markise für die National Gallery | 66

30 — Das Goodwood Park Hotel
Vom abrupten Ende deutscher Gemütlichkeit | 68

31 — Das Grab des Tan Tock Seng
Singapurs großer Gönner | 70

32 — Die Granathülse
Singapurs Chefgärtner | 72

33 — Die grünen Dächer des Tangs
Weihnachten bleiben die Türen zu | 74

34 — Die Harmony in Diversity Gallery
Reine Glaubenssache | 76

35 — Harry's Bar
Von Spekulanten und Säufern | 78

36 — Das Haus von Tan Yeok Nee
Vom Glück in der Fremde | 80

37 — Die heißen Quellen
Nichts für Warmduscher | 82

38 — Die Helix Bridge
Die DNA der Brücke | 84

39 — Helmut Newtons Hotelsuite
Das muntere Liebesleben des großen Fotografen | 86

40 — Die Hochhäuser »Duo«
Tausendundeine Nacht | 88

41 — Die Hotel-Wächter
Kampf um die Gäste | 90

42 — Die Ice-Cream Uncles
Süßes essen, Gutes tun! | 92

43 — Der Indian National Army Marker
Die vergessene Armee | 94

44 — Der Indian Rubber Tree
Ein sanfter Riese | 96

45 — Die Istana Kampong Glam
Die lukrative Intelligenz des Orang-Utans | 98

46 — Jamal Kazura Aromatics
Tausendundein Duft | 100

47 — Der Japanische Friedhof
Hoffnung für die verlorenen Seelen | 102

48 — Der Jurong Eco Garden
Die grüne Brücke | 104

49 — Der Jurong Fishery Port
Der frühe Vogel fängt den Fisch | 106

50 — Die Jurong Town Hall
Wem die Stunde schlägt … | 108

51 — Das Kaffee-Alphabet
Erst buchstabieren, dann genießen | 110

52 — Der Kaya bei Chin Mee Chin
Süße Erinnerungen | 112

53 — Der Keramat Radin Mas Ayu
Am Grab der goldenen Prinzessin | 114

54 — Die Kinderskulpturen
Das literarische Quartett | 116

55 — Das Lee-Kuan-Yew-Haus
Kleines Haus mit großer Sprengkraft | 118

56 — Das Lim Bo Seng Memorial
Der Märtyrer | 120

57 — Das MacDonald House
Haus der Geschichte | 122

58 — Der Maids-Treff am ION
Theater auf den Stufen | 124

59 ___ Das Marina One
Ingenhoven baut ein verschlossenes Schaufenster | 126

60 ___ Die MAS Gallery
Singapur mal so richtig vor die Wand fahren | 128

61 ___ Die Masonic Hall
Hinter verschlossenen Türen ganz offen | 130

62 ___ Der Merlion
Werbeikone oder Mythos? | 132

63 ___ Die Moschee der Kauffrau
Der Schiefe Turm von Singapur | 134

64 ___ Der Mount Serapong
Geschütze, die nicht schießen | 136

65 ___ Das Mount Vernon Cantonment
Der Ruf der Berge | 138

66 ___ Die MRT am Raffles Place
Was übrig blieb vom ältesten Kaufhaus Singapurs | 140

67 ___ Das Mustafa Centre
Die Ladentheke der Weltwirtschaft | 142

68 ___ Im National Design Centre
Schwebende Ikonen einer Stadt | 144

69 ___ Die Palastruinen
Aus Licht wird Feuer | 146

70 ___ Der Park der bösen Geister
Auch in der modernen Metropole grassiert der Aberglaube | 148

71 ___ Die Pforte der Hoffnung
Singapurs Babyklappe | 150

72 ___ Der Pier der roten Laternen
Signale aus längst vergangenen Tagen | 152

73 ___ Die Pioneer's Memorial Hall
Millionäre mit Sendungsbewusstsein | 154

74 ___ Die Plaketten der Opfer
Prisenoffizier Lauterbach zettelt einen Privatkrieg an | 156

75 ___ Der Po Chiak Keng Temple
Wo jede Klaue zählt | 158

76 ___ Die Presbytarian Church
Curry mit Einlage | 160

77 ___ Pulau Semakau
Phönix aus der Asche | 162

78 ___ Der Qi Tian Gong Temple
Der Affe schützt sein Viertel | 164

79 __ Die Raffles-Statuen
   Der schwarze und der weiße Mann | 166
80 __ Das Roast Paradise
   Per Schweinebauch ins Paradies | 168
81 __ Die Sandreserve
   Dünen in der Stadt | 170
82 __ Die schottische Markthalle
   Alte Liebe rostet nicht | 172
83 __ Die Schulwandgemälde
   Ice Ball und Army Market | 174
84 __ Der Schwarze Elefant
   Des Königs Liebe zu Singapur | 176
85 __ Der Schweizer Club
   Schöner Schwimmen auf Staatskosten | 178
86 __ Die SG50 Markers
   Vergoldeter Weg aus dem Gestern ins Morgen | 180
87 __ Die Sky Garages
   Schöner Wohnen mit Parkplatz im Himmel | 182
88 __ Die Sojasoßen-Fabrik
   Jahre des Reifens | 184
89 __ Das Solarfloß in Tuas
   Sonne auf dem Wasser | 186
90 __ Speakers' Corner
   Reden, wenn's die Polizei erlaubt | 188
91 __ Die St. Andrews Cathedral
   Maurer der Kokosnuss | 190
92 __ Die Steintreppe
   Wenn Ziegelsteine erzählen | 192
93 __ St. Georges Glasfenster
   Der Kaplan nimmt sein Geheimnis mit ins Grab | 194
94 __ Die Straße von Malakka
   Liefere Öl, kaufe Fernseher | 196
95 __ Der südlichste Punkt
   Auf der Insel vor der Insel vor der Insel | 198
96 __ Das Tea Chapter
   Entschleunigen wie die Queen | 200
97 __ Der Thambi Magazine Store
   Der Zeitungskönig Singapurs | 202
98 __ The Projector
   Indie statt Indien | 204

99___ The Red House
Tinder anno 1925 | 206

100___ The Substation
Haus unter Strom | 208

101___ Der Thow Kwang Dragon Kiln
Das Feuer darf nicht für immer verlöschen | 210

102___ Das Tor zum Wissen
Zwei Bögen, ein Gedanke | 212

103___ Die Traditionsrösterei
Margarine, Zucker und die richtige Bohne | 214

104___ Die URA
Ein Modell der Stadt der Zukunft | 216

105___ Die vertikalen Gärten
Der Dschungel klettert die Häuser hoch | 218

106___ Das Victoria Theatre
Wegwerfen? Geht gar nicht! | 220

107___ Wan Qing Yuan
Der Revolutionär in der Villa | 222

108___ Der Whampoa Dragon Fountain
Sag mir, wo die Drachen sind … | 224

109___ Das Ying-Fo-Fui-Kun-Clan-Haus
Heimat in der Fremde | 226

110___ Der Youth Olympic Park
Vergilbte Erinnerungen an junge Athleten | 228

111___ Die Zehn Höllenhöfe
Dantes Inferno auf Chinesisch | 230

1 Der alte Bahnhof
Aus der Zeit gefallen

Natürlich kommt einem gleich Ostberlin in den Sinn. Lange Zeit, von der Trennung von Malaysia 1965 bis zum Jahr 2011, gab es in Singapur eine ähnliche Situation. In Westberlin gehörte die S-Bahn samt Bahnhöfen und Trasse der DDR. In Singapur gehörten der große Tanjong-Pagar-Bahnhof und die Strecke nebst einigen kleineren Stationen dem Nachbarland Malaysia. Von Tanjong Pagar ratterten die Züge über die Grenze gen Johor Bahru und weiter nach Malakka, Penang und Kuala Lumpur.

Der monumentale Bahnhof überdauerte Staatsverträge und Modernisierungen. Zum Glück, denn er ist architektonisch einzigartig. Der dreistöckige Bau wurde 1932 vom serbischen Architekten Petrovich aus dem namhaften Architekturbüro Swan & Maclaren erbaut. Eine Mischung aus Art déco, Neoklassizismus und lokalen Baustilen, gebaut nach dem Vorbild des Bahnhofes von Eliel Saarinen in Helsinki.

Den Eingangsportikus schmücken unter grünen chinesischen Dächern vier Statuen eines italienischen Bildhauers. Sie stellen die vier Grundpfeiler der malaiischen Wirtschaft dar: Landwirtschaft, Handel, Transport und Industrie. Über ihnen prangen die Initialen der Federal Malay States Railway. In der lichten Halle finden sich Wandgemälde historischer Gewerke im Nachbarland, wie Zinnschürfen oder Gummigewinnung.

Die Singapurer lieben dieses Gebäude und seine wechselhafte Geschichte. 60 Jahre lang residierte im Bahnhof ein kleines, feines Hotel, das es im Service mit dem Raffles Hotel aufnehmen konnte. Es gab eine Buchhandlung, einen Geldwechsler, Restaurants und Pubs.

Tausende verabschiedeten sich 2011 von ihm und begrüßten ihn zugleich: Denn mit der Abfahrt des letzten Zuges nach Malaysia fiel der Bahnhof an Singapur. Seitdem wird er als National Monument erhalten. Bis 2025 allerdings kommt niemand mehr hinein, da er Teil der neuen Cantonment U-Bahn-Station wird. Doch lohnt der Blick auch schon von außen.

Adresse Tanjong Pagar Railway Station, 30 Keppel Road, Singapur 089059 (Tanjong Pagar) | **ÖPNV** MRT NE 1 / CC 29 Harbour Front | **Öffnungszeiten** vorerst nur von außen zu besichtigen | **Tipp** Das hervorragende chinesische Restaurant Prima Tower über Singapurs Mühle in der 201 Keppel Road ist das einzige 360-Grad-Drehrestaurant der Stadt.

2 Das armenische Grab
Meisterstück mit Nationalblume

Am Fuße des Fort Canning Parks, mitten im Kolonialviertel an der Hill Street, liegt ein Kleinod. Es ist die weiße Kirche der einst einflussreichen armenischen Gemeinde Singapurs. Zu dieser gehörten im 19. Jahrhundert angesehene Geschäftsleute wie etwa die Sarkies-Brüder, die das nicht weit entfernte Raffles Hotel erbauten. Sie konnten sich daher für ihre Kirche einen stadtbekannten Baumeister leisten.

Viele repräsentative Kolonialbauten hatte der irische Architekt George Coleman in Singapur schon geschaffen, doch dieser gilt als sein Meisterwerk. Angelegt in der Form eines alten armenischen Kreuzes, verbindet das Kirchlein harmonisch westliche und östliche Stilelemente. Es ist das älteste noch bestehende christliche Gotteshaus Singapurs und ein Nationaldenkmal. Doch nicht diese Titel machen den Reiz dieses Ortes aus. Es ist die schlichte Schönheit und die große Ruhe, die man hier findet, ganz unerwartet im touristischen Trubel rundherum. Tritt man aus der Stille des weißen, schmucklosen Kirchenraumes, überrascht einen der dahinterliegende, ruhige Garten.

Dort fällt der Blick auf einen großen Rasen, an dessen Rand Grabsteine aufgestellt sind. Dennoch ist es kein Friedhof: Die alten Inschriften weisen auf Mitglieder der armenischen Gemeinde hin, die andernorts begraben liegen. So findet man den Gedenkstein für Agnes Joaquim, die eine ganz besondere Rolle in Singapur spielen sollte: Agnes war die Tochter eines armenischen Kaufmanns und, wie schon ihre Mutter, eine leidenschaftliche Gärtnerin. Sie züchtete 1890 die Orchidee »Vanda Miss Joaquim«. Diese war so beliebt, dass sie 90 Jahre später Singapurs Nationalblume wurde.

Vanda Miss Joaquim schaukelt im Wind neben Agnes' Grabstein und scheint den Besucher sanft zu grüßen. Und spätestens jetzt spürt man den Hauch der Geschichte an diesem verzauberten Ort.

Adresse 60 Hill Street, Singapur 179366 (Kolonialviertel) | **ÖPNV** MRT EW 13 / NS 25 City Hall oder MRT CC 2 Bras Basah | **Öffnungszeiten** täglich 9–18 Uhr | **Tipp** Gleich um die Ecke liegt das Singapore Philatelic Museum, wo man seine ganz persönliche Briefmarke anfertigen lassen (USB-Stick mit Wunschmotiv mitbringen!) und dann verschicken kann.

3 Der Autoturm
Autotraum im Autoturm

Ein Turm sollte es sein. Denn in die Breite wachsen kann ja schließlich jeder. Also entschied sich der Autohändler ABM, seinen Luxuskarossen einen Hochbau zu spendieren. Und da steht er nun, 15 Stockwerke hoch und – wie früher der Kaugummiautomat – gefüllt mit allem, was unerreichbar ist. ABM lockt die Kunden mit Rolls-Royce und Bentley, Aston Martin und Porsche, Ferrari, Lamborghini und Maserati. Modelle, deren Preise in Singapur mit seiner horrenden Luxussteuer und Straßenzulassungsgebühr schnell an die Millionengrenze stoßen.

Während die Kunden sich im Verkaufsraum das Video ihres Traumwagens anschauen, kommt der auf Knopfdruck per Aufzug: Innerhalb von gut zwei Minuten holt der Lastenlift den zur Ansicht bestellten Wagen nach unten in den Showroom. Da verwundert es nicht, wenn ABM-Chef Gary Hong erzählt, die Idee zu seinem Turm sei ihm im Spielzeuggeschäft gekommen. Allerdings hätte er in seiner Heimatstadt nur in die Stevens Road fahren müssen, wo ein Privathaus seinen Bewohnern die Boliden bis ins Wohnzimmer fährt (siehe Kapitel 87). Die Autotürme in Wolfsburg für Volkswagen und bei Mercedes für seinen Smart sind kleiner und nicht vom Endverbraucher zu bedienen. Deshalb spricht Hong mit viel Stolz von seiner »größten Auto-Verkaufsmaschine der Welt«. Die Technik könne in engen Innenstädten auch für Parkhäuser eingesetzt werden. Der Autoturm auf der Insel kostete rund drei Millionen Singapur-Dollar – also gar nicht so viel mehr als mancher Autotraum.

Hong leitet ABM gemeinsam mit seinen drei Brüdern. Ursprünglich betrieb das Haus einen eher schmuddeligen Schauraum an der Bukit Timah Road – was die solventen Kunden aber nie vom Besuch abhielt. Denn die Hongs wussten, was sie taten. Seit mehr als einem Vierteljahrhundert verkaufen sie gebrauchte Luxusschlitten in der Millionärsmetropole. Und wählten dafür einen einprägsamen Firmennamen: Das Kürzel ABM steht für Autobahn Motors.

Adresse 20 Jalan Kilang, #02-00, Singapur 159418 (Queenstown) | **ÖPNV** MRT NS 22 Orchard, dann mit Bus 123 bis Opposite Block 28 an der Jalan Bukit Merah | **Öffnungszeiten** Mo–Sa 9.30–18.30 Uhr, So 10.30–18.30 Uhr | **Tipp** Das Queensway Shopping Centre an der Ecke Alexandra Road/Queensway ist voll von kleinen Läden, die vor allem Markensportschuhe und -brillen zu sehr günstigen Preisen anbieten.

4_ Das Baba House
Das Erbe der Peranakan

Hinein geht es durch eine halbhohe, reich geschnitzte Schwingtür, wie man sie von Western-Saloons her kennt. Die eigentliche Tür dahinter steht meist offen, um frische Luft ins Haus zu lassen. Zur Abwehr der bösen Geister reicht schließlich die kleine Schwingtür, denn glücklicherweise können Geister nicht über Barrieren kommen. Dahinter dann das Vorzimmer, abgetrennt vom Hauptraum durch eine filigrane Holzwand. Gäste werden hier empfangen, den Hauptraum betreten traditionell nur Familienangehörige.

Wir aber dürfen weiter. Denn das Blaue Haus in Tanjong Pagar am Rande Chinatowns ist ein Juwel und steht Neugierigen offen. Es ist das einzige zugängliche Haus, das in Baustil und Einrichtung in Gänze das Leben der Peranakan widerspiegelt. Diese ethnische Gruppe geht zurück auf chinesischstämmige Männer, die Babas, die mit malaiischen Frauen, den Nonyas, Familien gründeten. So verschmolzen chinesische, malaiische und westliche Einflüsse zu einer eigenständigen Kultur, die sich in Architektur, Kunst und vor allem der Küche der Peranakan ausdrückt, die in Singapur, aber auch in Malakka und Penang gewachsen ist.

Das Blaue Haus gehörte der Familie Wee, die als Reeder reich geworden ist. Der jetzige Erbe hat es samt Interieur der National University of Singapore überlassen, um es als Kulturdenkmal zu erhalten. Heute wirkt das Haus aus den 1890er Jahren, als ob seine Bewohner es nur gerade für Einkäufe verlassen hätten. Von der Kücheneinrichtung bis zu Wohn- und Schlafräumen – die Welt der Peranakan wird hier lebendig.

Die Holzarbeiten am Haus sind in malaiischer Tradition gehalten, die Tierornamente aus Keramikscherben sind chinesisch, die bemalten Kacheln britisch. Dieser Stil, erwachsen aus drei Kulturen, macht den Charme aus. In die Moderne hat es nur die Peranakan-Küche, auch Nonya-Küche genannt, geschafft. Gutes Essen überlebt eben immer, besonders in Singapur.

Adresse 157 Neil Road, Singapur 088883 (Chinatown) | **ÖPNV** MRT EW 16 / NE 3 Outram Park | **Öffnungszeiten** Heritage Tours Di–Fr 10 Uhr, buchen unter https://babahouse.nus.edu.sg | **Tipp** Die Blair Road ist ein Kleinod zum Entdecken, eine kleine, ruhige Straße, vollständig gesäumt von wunderschön erhaltenen Shophouses.

5 Die Berliner Mauer
Die Mauer bleibt stehen!

Im Mittelpunkt dieser Geschichte: zwei Paneele aus Beton. Ort der Handlung: der Garten hinter dem Tembusu College der National University of Singapore. Zeitpunkt: 18. Oktober 2016. Und da standen sie nun: drei Männer mit ernster Miene, 30 ausgewählte Gäste und viele Studenten. Mittendrin: die zwei mit bunten Graffiti besprühten Elemente der Berliner Mauer. Sie wurden enthüllt, und der Rektor des Colleges, der Singapurer Außenminister und der deutsche Botschafter durften Reden halten. Das Außenministerium übergab der Universität die geschichtsträchtigen Betonteile für mindestens fünf Jahre als Leihgabe.

Werden sie sich hier wohlfühlen? Als Zeitzeugen einer weit entfernt liegenden Stadt, der deutschen Geschichte gar, nun gelandet tief in den Tropen? Sie sind schon lange unterwegs; 1991 kaufte der deutsche Unternehmer Elmar Prost die jeweils vier Tonnen schweren und 3,6 Meter hohen Kolosse als Symbol der Freiheit und der deutschen Wiedervereinigung. Prost hat sie dann zum Anlass der 50-jährigen diplomatischen Beziehungen zwischen Deutschland und Singapur dem hiesigen Außenministerium geschenkt.

So viel haben sie schon erlebt. Angst, Schrecken, Verzweiflung. Tod. Verschönert wurden sie, haben Tränen der Freude gesehen, auf ihnen wurde getanzt im Taumel der plötzlichen Freiheit. So viel könnten sie erzählen. Und deshalb stehen sie hier – herausfordern sollen sie die Singapurer Studenten, zum Nachdenken anhalten, zum Fragenstellen. Fragen nach einer Welt mit Mauern oder einer mit offenen Grenzen. Einer Welt beherrscht von Kampf und Krieg oder einer mit offenem Austausch von Ideen und Menschen.

Berliner Mauerstücke stehen in mehr als hundert Städten der Erde. Die beiden am Äquator haben es da sicherlich ganz gut erwischt. Aber letztlich wird die Zeit dies zeigen, das kennen die beiden ja nun schon. Und werden dann eines Tages umso mehr zu erzählen haben.

Adresse im Garten hinter dem Tembusu College in der University Town, 26 College Avenue East, Singapur 138597 (Clementi) | **ÖPNV** MRT EW 21 / CC 22 bis Buona Vista, dann Bus 196 bis University Town, dann zu Fuß | **Öffnungszeiten** immer zugänglich | **Tipp** Das Lee Kong Chian Natural Museum am 2 Conservatory Drive sieht aus wie ein gewaltiger Felsbrocken. Im Innern liegen die Raffles Sammlung und eine Dinosaurierfamilie verborgen.

6 Der Billardtisch
Wildes Leben in der Dschungelstadt

Ein Tiger soll sich 1920 – aus einem Zirkus entflohen oder direkt aus dem Dschungel – seinen Weg ins ehrwürdige Raffles Hotel erschlichen haben. Dort lauerte er unter dem Billardtisch. Die verängstigten Ober riefen den Direktor der Raffles Institution, einen sicheren Schützen. Doch auch der brauchte fünf Kugeln, um die Bestie zu erlegen.

Wer nun denkt, die moderne Metropole habe außer einem erlegten Tiger, ihrem weltberühmten Zoo und der Delikatesse »Frosch im Porridge« nichts Tierisches zu bieten, liegt ganz und gar falsch. Singapur ist grün. Und im Grünen lebt es.

Die Meistgehassten sind die Stechmücken, denn einige von ihnen übertragen das gefürchtete Denguefieber. Um sie zu vertreiben, wird jeder Ort der Stadt einmal wöchentlich mit Dieseldampf vernebelt. Doch wartet die Tropeninsel noch mit ganz anderen Kalibern auf: Wildschweinrotten treibt der Hunger immer wieder in die Vororte. Affen verfolgten nicht nur Kinder der Deutsch-Europäischen Schule, als sie noch mitten im Dickicht lag. Die Schüler bekamen strikte Anweisung, die possierlichen, aber bissigen Viecher nicht zu füttern, und Trillerpfeifen, um sie zu verscheuchen. Eine Python hat es schon bis ins Klo eines Händlers für Autoteile geschafft. Große Echsen warten am frühen Morgen im Botanischen Garten auf die ersten Sonnenstrahlen. Und in den Naturparks taucht dann und wann ein Krokodil auf – auch wenn Barney, das 400 Kilogramm schwere Salzwasserkrokodil aus dem Kranji Reservoir, 2014 auf mysteriöse Weise verschied. Die Lieblinge der Singapurer bleiben die putzigen Otter, die die neu geschaffenen Feuchtgebiete genießen.

Unter dem Strich aber ist Singapur auch mit Blick auf seine Tierwelt ein sicheres Fleckchen Erde. So gilt eine Britin als eines der letzten Opfer eines Wildtieres: Als Mitglied des Schweizer Clubs (siehe Kapitel 85) schwamm die Dame 1925 in dessen Freibad im offenen Meer vor Katong – und kreuzte den Weg eines Hais.

Adresse Raffles Hotel, 1 Beach Road, Singapur 189673 (Kolonialviertel) | **ÖPNV** MRT NS 25 / EW 13 City Hall | **Öffnungszeiten** Hotel und die Hotelarkaden werden in der zweiten Jahreshälfte 2018 wiedereröffnet | **Tipp** Der Tiong Bahru Market (MRT EW 17) ist ein typischer Wet Market: Alles nass auf dem Boden, alles frisch. Fisch, Fleisch, Obst und Gemüse sind unten, beim Hawker oben gibt es Essen.

7_ Die Black-&-White-Häuser
Schöner Wohnen für Kolonialherren

Tropischer Lifestyle pur: Ob mitten in der Stadt in der Scott's Road, am Goodwood Hill, an der Tanglin oder der Nassim Road – die schwarz-weißen Häuser mit ihren schwarz-weißen Rollos sind Sinnbilder kolonialer Wohnträume. Ergänzt werden sie von den selteneren Red & Whites, die unverputzte Ziegel zeigen.

Stilecht wirken die Häuser jedoch nicht in der städtischen Umgebung, umringt von modernen Hochhäusern. Stilecht wirken sie erst in einer englisch anmutenden Parklandschaft – im Alexandra Park. Hier öffnet sich der Blick unversehens auf ein liebliches, hügeliges Tal mit satten grünen Wiesen und versprengten Anwesen.

Die britische Kolonialverwaltung baute die Black-&-White-Häuser zwischen 1905 und 1940 für ihre höheren Militärangehörigen und auch für die Militärärzte des nahen Alexandra Hospitals. Der Stil der Bauten vereint britische, malaiische und chinesische Elemente. Britisch sind die grafische Farbgebung Schwarz-Weiß und das mal mehr, mal weniger ausgeprägte Fachwerk im Tudorstil sowie die Verwendung von dorischen oder korinthischen Säulen. Malaiisch sind die Form des Daches mit seinem Ventilationssystem und die Holzarbeiten, um Kühlung in der drückenden Hitze zu gewährleisten. Auch stehen die Häuser auf Stützen, um nicht im Monsun im Schlamm zu versinken. Die Aufteilung der Räume, vom öffentlichen Bereich zum privaten, ist chinesischen Häusern nachempfunden.

Die Black & Whites, wie sie liebevoll genannt werden, wurden möglichst kostengünstig mit lokalen Baumaterialien errichtet: in Singapur gebrannte Ziegelsteine, Böden und Fenster aus tropischen Hölzern, Kacheln und Fußbodenplatten aus China.

In den großzügig geschnittenen, weiß verputzten Räumen mit ihren hohen Decken gibt es viel Licht, aber wenig direkte Sonne. Wenn dann alle Fenster und Türen offen stehen und der Blick über das grüne Tal schweift, fühlt man sich, als habe Scarlett O'Hara die Tropen erreicht.

Adresse Alexandra Park, Rundkurs über Hyderabad Road, Canterbury Road, Winchester Road, Royal Road, Singapur 119578 (Telok Blangah) | **ÖPNV** MRT CC 27 Labrador Park, dann Bus 963 bis Hort Park | **Öffnungszeiten** immer zugänglich | **Tipp** Für Kunstliebhaber: Das Galerienviertel Gillman Barracks gegenüber bietet viel Kunst, so manche Galeriennächte und einige Restaurants.

8 Der Bukit-Brown-Friedhof
Fast im Dschungel verschwunden

Im Licht der Morgensonne ist es besonders schön, durch den alten chinesischen Friedhof zu gehen. Überall hohe, schattenspendende Dschungelbäume, überall Vogellaute, sonst friedliche Stille, nur von ferne das Rauschen des Verkehrs. Ein verwunschener Ort.

Es gibt Wege, aber die meisten Gräber verstecken sich rechts und links davon im hohen Gras, oft überwuchert vom Dschungel, manche gepflegt, viele verfallen. Scheinbar ungeordnet liegen sie locker verteilt auf dem 200 Hektar großen Gelände, dabei sind sie nach Feng-Shui-Regeln ausgerichtet. Es gibt viel zu entdecken hier, wunderbar gemeißelte Grabsteine und Löwenfiguren, große Namen aus Singapurs Geschichte, Familientraditionen. 100.000 Gräber sind es wohl gewesen seit den Anfängen Ende des 19. Jahrhunderts, Zehntausende sind bereits aufgelöst worden. Denn dieser traditionsreiche Ort ist in Gefahr, zu verschwinden.

Land ist sehr kostbar in Singapur, da es durch die Insellage begrenzt ist. Die riesige Fläche des Friedhofs soll nach und nach für Infrastrukturprojekte genutzt werden. Gerade wird eine neue Straßentrasse durch den Park gelegt, eine MRT-Station eingerichtet, irgendwann werden hier dann Wohntürme in die Höhe ragen.

Aber auch in Singapur entbrennt die Diskussion, wie weit Tradition der Moderne weichen muss. Schon lange werden hier die zentralen Friedhöfe aufgelöst. Das Einkaufszentrum Takashimaya mitten auf der Orchard Road, der Stadtteil Tiong Bahru oder die Wohnungen am Mount Sophia stehen alle auf ehemaligen Gräbern. Die traditionelle Erdbestattung wird aus Platzgründen der Feuerbestattung weichen müssen.

Viele plädieren dennoch dafür, dass Bukit Brown als Kulturerbe erhalten werden sollte und in einen Park verwandelt wird. Eine Eigeninitiative bietet Touren über den Friedhof an, um die Geschichten der Gräber, und damit auch ein Stück der Geschichte Singapurs, zu erhalten.

Adresse 36C Lorong Halwa, Singapur 288305 (Bukit Timah) | **ÖPNV** MRT CC 20 Farrer Road, dann fünf Stationen mit Bus 93, 165, 852, 855 Before Singapore Island Country Club, über die Fußgängerbrücke Richtung Sime Road und Lorong Halwa gehen | **Öffnungszeiten** immer geöffnet | **Tipp** Im MacRitchie Reservoir gegenüber gibt es Restaurants, Rundwanderwege und eine Kajak-Mietstation.

9 Die bunte Polizeistation
Hier ging es nicht immer so bunt zu

Ja, Singapur kann auch kunterbunt. Genau gegenüber der Vergnügungsmeile Clarke Quay liegt ein graues Gebäude mit regenbogenfarbenen Fensterläden. Wer hier aber an einen Kinderhort denkt, liegt völlig daneben.

Heute beherbergt der klotzige Bau das Kulturministerium, das Informationsministerium und einige Galerien. Bei seinem Bau 1934 aber war er die größte Polizeistation der Stadt, in der auch Singapurs erstes ziviles Gefängnis lag. Über dem Eingang findet sich noch der Schriftzug »Hill Street Police Station«. In den kleinen Räumen lebten die Polizisten auch, hinter den Fensterläden der sechs Stockwerke waren in jenen Tagen 140 verheiratete und 180 alleinstehende Beamte untergebracht. Im zweiten Stock lagen Kantine und Friseur. Auf dem Dach gab es einen Spielplatz für die Kinder der Polizisten. An jedem Samstagabend wurden im Exerzierhof – der heute von einem großen Glasdach überspannt ist – Filme vorgeführt.

In den Anfangsjahren war das riesige Gebäude das größte Polizeihauptquartier auf der Malaiischen Halbinsel. Die elektrischen Aufzüge im Haus waren eine Besonderheit jener Tage, genauso wie die Wasserspülung der Toiletten. Die vielen Fenster sorgten für eine gute Durchlüftung. Jeder Beamte wollte hier gern leben, es gab lange Wartelisten. Trotzdem waren die Singapurer vom Bau des grauen Klotzes mit seinen 25.000 Quadratmetern nicht begeistert – für sie zerstörte er das gute Feng-Shui des Gebietes am Fluss, versperrte den freien Zugang vom Mount Faber zum Wasser. 1980 zog die Polizei aus, und andere Behörden übernahmen das Haus.

In der japanischen Besatzungszeit galt die Polizeistation als Folterkammer Singapurs. Als die Alliierten die Stadt zu bombardieren begannen, strichen es die Besatzer in brauner Tarnfarbe – auch deshalb wirken die bunten Fensterläden heute für die ältere Generation befreiend.

Und wie viele Fenster hat das Haus? Richtig! Es sind genau 927.

Adresse Old Hill Street Police Station, 140 Hill Street, Singapur 179369 (Kolonialviertel) | **ÖPNV** MRT NE 5 Clarke Quay | **Öffnungszeiten** Galerien im Gebäude meist 12–19 Uhr | **Tipp** Das architektonisch interessante, rot-weiß gemauerte Backsteingebäude der Central Fire Station um die Ecke (62 Hill Street) birgt auch eine sehenswerte Civil Defense Heritage Gallery.

10_Das Cathay Building
Verlorene Fassade, verlorene Leben

Nüchtern betrachtet handelt es sich um eine Art-déco-Fassade aus Beton, fertiggestellt 1939, daran die vertikal gehängten Leuchtbuchstaben »Cathay«. Aber wer mag die Welt schon nüchtern betrachten? Auch wenn hinter dieser Fassade eines der vielen Shoppingcenter Singapurs liegt, so ist das Cathay doch eigentlich ein Guckkasten in die Vergangenheit. Denn einst war es mit 79,5 Metern Singapurs höchstes Haus und beherbergte das erste klimatisierte Kino der Stadt. Piloten nutzten es als Orientierung beim Ansteuern des Flughafens in Kalang. Und eine ganze Generation verabredete sich im Cathay zum Rendezvous.

Das Cathay muss in den 30er Jahren des vergangenen Jahrhunderts das gewesen sein, was heute als Integrated Resort aus dem Boden sprießt. Damals bezeichnete es sein Bauherr, der malaiischstämmige Loke Wan Tho, als »one stop shop«: Die Menschen sollten kommen, um einzukaufen, zum Friseur zu gehen, zu essen, einen Film zu sehen und nachts das Kabarett zu besuchen. Lang aber währte der Glanz nicht. Die Japaner nutzten das Kino während der Besatzungszeit ab 1942, um zweimal täglich ihre Propagandafilme abzuspielen. Nach dem Krieg verlegte der britische Kommandeur Louis Mountbatten sein Hauptquartier hierher. Dann wurde das Cathay zum Sinnbild der Fehler in Singapurs Entwicklung. Die Stadt genehmigte den Abriss des historischen Hauses und ließ auf der freien Fläche ein 17-stöckiges Geschäftshaus bauen. Nur die Art-déco-Front blieb erhalten. Verloren steht sie da.

Eine kleine Galerie im zweiten Stock erinnert an die Geschichte der Loke-Familie. Sie baute ein Film-Imperium rund um das Cathay auf, finanzierte den ersten Farbfilm in Malay in Singapur und förderte den chinesischen Film. Aber auch sie konnte ihr Haus nicht lange genießen: Bei einem Flugzeugabsturz 1964 kamen Loke, seine Frau Mavis und einige Manager ums Leben. Sie waren auf dem Weg zum Asien-Filmfestival in Taiwan.

Adresse 2 Handy Road, Singapur 229233 (Bugis) | **ÖPNV** NS 24 / NE 6 / CC 1 Dhoby Ghaut | **Öffnungszeiten** Cathay Gallery: Level 2, Mo–Sa 11–19 Uhr | **Tipp** Das imposante Gebäude der SOTA (School Of The Arts) rechter Hand wurde von WOHA, einem der namhaften Architekturbüros Singapurs, ganz im neuen Trend erbaut: natürliche Baumaterialien und Ventilation sowie vertikale Begrünung.

11 Die Cathedral of the Good Shepherd

Eine Zeitkapsel unter dem Glockenturm

Über Jahre sah man die älteste katholische Kirche Singapurs, gleichzeitig deren Bischofssitz, durch Stützbalken am Einsturz gehindert. Auch die beige-braune Farbe blätterte ab – dabei liegt das Gotteshaus aus dem Jahr 1843 mitten im gepflegten Kolonialviertel, neben der strahlenden Singapore Management University.

Die aufwendige Sanierung erwies sich dann aber als Glücksfall, denn die Bauarbeiter förderten Zeremoniengegenstände zutage, die in vergessenen Ecken der Innenräume nur darauf warteten, wiederentdeckt zu werden. Das größte Wunder aber barg die eingestürzte Ecksäule des Portikus unter dem Glockenturm: eine Zeitkapsel. Hier, unter dem Grundstein, hatte am 18. Juni 1843 Jean-Marie Beurel, der Pater der französischen katholischen Mission, zusammen mit mehreren Gemeindemitgliedern portugiesische, singapurische und spanische Münzen in Apothekerflaschen vergraben. Die Gabe war wohl als Symbol für die Einigung rivalisierender katholischer Gruppen gedacht. Internationale katholische Zeitungen aus dem Jahr und das Zeremonienbüchlein der ersten Messe fanden sich ebenso. Sie sollten künftigen Generationen beweisen, dass die Gemeinde kultiviert und zivilisiert war und den internationalen Austausch pflegte.

Pater Beurel ist nicht nur einer der Gründer dieser Kirche. Der tatkräftige Geistliche hat 1852 gegenüber auch das St. Joseph Institute gegründet. Eine Schule für Jungen, in der heute längst das Singapore Art Museum sitzt. Zwei Jahre später gründete Beurel das Convent of the Holy Infant Jesus für die christliche Erziehung von Mädchen – in dem seit Langem das Kneipenviertel Chijmes logiert.

Heute strahlt auch die Kathedrale endlich blitzweiß. Alle gehobenen Artefakte sind in der Heritage Gallery im JM Beurel Centre zu bestaunen.

Adresse »A« Queen Street, Singapur 188533 (Kolonialviertel) | ÖPNV MRT CC 2 Bras Basah | Öffnungszeiten Mo–Fr 8–21 Uhr, Sa/So 7–21 Uhr, Heritage Gallery täglich 9–22 Uhr | Tipp Nebenan liegt das Statement zur Zukunft der Stadt: die Singapore Management University. Der Campus ist offen angelegt, wer sich Bildung in Singapur einmal veranschaulichen will, der kann das hier sehr gut.

12 Die Changi-Mural-Kopien
Der vergessene Maler

Vor dem Krieg hatte Stanley Warren gemalt und für die britischen Grenada Cinemas Filmplakate geschaffen, so groß und gut er nur konnte. Seine Kunst interessierte auch die Army. Also verpflichtete sie ihn 1940, Skizzen möglicher Ziele anzufertigen. So kam der junge Maler zwei Jahre später in die Kolonie Singapur.

Dort kam er mit der alliierten Armee in Gefangenschaft. Die japanischen Besatzer zwangen ihn zum Straßenbau. Nebenbei aber malte er mit Kohle auf die Asbest-Paneele der Kapelle im Gefangenenlager Bukit Batok. Als er in das Lazarett des riesigen Lagers Changi verlegt wurde, verlangte er nach Farben und einer Bibel, um dort seine Wandmalereien wieder aufnehmen zu können.

Viele Gäste Singapurs kennen »Changi« zum einen als den Namen des Weltklasse-Flughafens. Andere fürchten ihn, weil hier das Gefängnis liegt. Wer sich indes für die Geschichte des Pazifikraumes interessiert, kommt nicht umhin, an das Kriegsgefangenenlager zu denken. Hier litten mehr als 50.000 Australier, Briten und andere Alliierte. Es herrschten unmenschliche Zustände.

Warrens Mitgefangene besorgten ihm – teils unter Lebensgefahr –, was er zum Malen brauchte: Wandfarbe, Tarnfarbe, zerstoßene Billardkreide. So schuf er in der St.-Luke-Kapelle in Block 151 fünf drei Meter hohe Szenen, darunter Christi Geburt. Als die Japaner sie zum Schuppen des erweiterten Flughafens machten, wurden die Bilder übermalt und gerieten in Vergessenheit.

Warren kehrte nach dem Krieg nach Hause zurück, wurde Lehrer. Der Schuppen fiel an die Royal Air Force, wurde zum Schlafsaal. Erst 1959 wurden die Bilder wiederentdeckt: Nach einer glücklichen Suche nach dem Maler kehrte Stanley dreimal aus dem fernen England zurück, um sie zu restaurieren. Die Originale bestehen weiter auf der Luftwaffenbasis, sind für die Öffentlichkeit nicht zugänglich. Repliken finden sich aber in der Gedenkstätte Changi Chapel & Museum.

Adresse Changi Chapel & Museum, 1000 Upper Changi Road North, Singapur 507707 (Changi) | **ÖPNV** MRT EW 4 Tanah Merah, dann Bus 2 bis Changi Women's Prison | **Öffnungszeiten** täglich 9.30–17 Uhr, Touren unter www.changimuseum.sg | **Tipp** Das Coastal Settlement (200 Netheravon Road) ist eingerichtet wie ein Retro-Museum, das Essen ist herzhaft westlich, gemixt mit Lokalem.

13 __ Chan Hou Mengs Imbiss
Ein Soja-Huhn greift nach den Sternen

Der Name mag für nicht chinesische Ohren kompliziert klingen: »Liao Fan Hong Kong Soya Sauce Chicken Rice & Noodle«. Doch besser gewöhnen Sie sich an ihn. Denn wenn es nach Gründer Chan Hou Meng geht, wird aus seinem Imbissstand im Chinatown-Complex in wenigen Jahren eine internationale Marke werden, wie McDonald's oder Kentucky Fried Chicken.

Das Zeug dazu hat Chan. Dies ist nun auch offiziell bestätigt. Denn für sein Soja-Hühnchen wurde der Koch als erster Hawker Singapurs überhaupt im Juli 2016 mit einem Michelin-Stern ausgezeichnet. Der 51-Jährige platzte daraufhin vor Stolz. Und berichtete wenige Monate nach der Auszeichnung, fünf Investoren hätten inzwischen bei ihm angeklopft, um ihn zum Verkauf seines Rezeptes und seines Standes zu überreden. Die Unterhändler internationaler Hotel- und Lebensmittelkonzerne aber kannten Chan schlecht. Denn der weiß, was er und sein Soja-Hühnchen wert sind. »Mindestens 2 Millionen Singapur-Dollar« – rund 1,7 Millionen Euro – wolle er für sein Rezept haben. Und dann auch noch eine Garantie, dass die Qualität seines Huhnes nicht leide, wenn es in die Massenproduktion rund um den Erdball geht.

Hohe Ansprüche. Nicht aber für einen Sternekoch. Immerhin habe sich dank der Auszeichnung der Absatz an seinem kleinen Stand auf mehr als 160 Hühnchen am Tag verdreifacht, sagt Chan. Heute müssen Gäste, die es probieren wollen, schon mal zwei Stunden in der Schlange stehen.

Chan hat das Rezept in Hongkong gelernt. Aber natürlich hat er es mit geheimen Zutaten verfeinert. »Es war immer mein Traum, mein Geschäft international aufzustellen und an die nächste Generation zu übergeben«, sagt der Sternekoch hinter der Imbisstheke. Er hat ihn fast verwirklicht. Heute sind 90 Prozent seiner Kunden Touristen. »Und es schmeckt ihnen«, sagt Chan. »Also wird mein Soja-Hühnchen auch rund um die Erde angenommen werden.«

Adresse Liao Fan Hong Kong Soya Sauce Chicken Rice & Noodle, 335 Smith Street, #02-126 Chinatown Complex Market & Food Centre, Singapur 050335 (Chinatown) | **ÖPNV** MRT NE 4/DT 19 Chinatown | **Öffnungszeiten** täglich 10–17 Uhr | **Tipp** Ein Platz für die auch in Singapur neu erwachte Liebe zur Langspielplatte: Hear Records in der 5 Banda Street bietet gut sortierte Schätzchen.

14 __ Die Chesed-El Synagogue
Ein Heim in der Fremde

Natürlich wollten auch die Juden ihr eigenes Gotteshaus in der Fremde. Die erste Synagoge Singapurs richteten sie sich 1841 in einem kleinen Geschäftshaus ein. Es lag in der heutigen Synagogue Street und diente der wachsenden Gemeinde 37 Jahre lang. 1878 wurde die Maghain Aboth in der Waterloo Street gebaut, deren Gebetshalle nach Jerusalem ausgerichtet ist. Sie gilt als eines der ältesten jüdischen Gebäude Südostasiens.

Singapur war schon früh Ort der jüdischen Diaspora. Mit der britischen East India Company, die die Region für ihren Handel und ihr Machtstreben erschloss, kamen jüdische Händler nach Indien, Burma und in die Straits Settlements entlang der Straße von Malakka. Die Gemeinde wuchs von nur neun Mitgliedern im Jahr 1830 rasch, Anfang des vergangenen Jahrhunderts waren es gut tausend Mitglieder. Für sie wurden mit »Israelight« und dem »Jewish Herald« eigene Zeitschriften verlegt.

In dieser Blütezeit der jüdischen Gemeinde ließ der mit dem Handel von Opium und Immobilien reich gewordene Manasseh Meyer die Synagoge Chesed-El auf dem Grundstück seiner privaten Residenz am Oxley Rise bauen. Sein Haus, so erklärte sein Besucher Albert Einstein, wirke wie ein »Palast«, sein Gastgeber wie ein »Krösus«. Meyers Tochter Moselle Nissim hingegen beeindruckte den späteren Nobelpreisträger sehr: Ihr Gesicht sei »eines der schönsten einer jüdischen Frau«, das er je gesehen habe. Moselle Meyer machte sich später einen Namen als Wohltäterin von Singapur bis Palästina. Auch Singapurs erster Chefverwalter, David Marshall, half seinen Glaubensbrüdern: Er überzeugte den damaligen chinesischen Ministerpräsidenten Zhou Enlai, mehr als 500 Juden russischer Herkunft 1956 ausreisen zu lassen. Andere bekannte Juden Singapurs sind die Geschäftsleute F. J. Benjamin und Victor Sassoon: Der eine holte Gucci nach Singapur, der andere Coffee Bean & Tea Leaf.

Adresse 2 Oxley Rise, Singapur 238693 (Kolonialviertel) | **ÖPNV** NS 24 / NE 6 / CC 1 Dhoby Ghaut | **Öffnungszeiten** anmelden unter Tel. +65/86413570, www.chesedel.org | **Tipp** Der wunderschöne Fort Canning Park ist für Singapur ein äußerst geschichtsträchtiger Hügel: Hier liegen die archäologischen Ausgrabungsstätten der frühen malaiischen Könige.

15 Das Chinese Cultural Centre
Traum in drei Teilen

Eigentlich sollten in diesem Neubau chinesische Kulturveranstaltungen die Hauptrolle spielen. Doch die ist schon vergeben – an das Bauwerk selber. Kühn wie feinsinnig verbindet es chinesische Tradition mit Moderne.

Dabei wirkt es zunächst wie eine Trutzburg, ein verschlossener monumentaler Block. Wer sich heranwagt, entdeckt, wie offen dieses Haus ist. Das Baukonzept von Singapurs DP Architects folgt der chinesischen Tradition der Unterteilung des Universums in Erde, Menschen und Himmel. Die Erde wird von der zweistöckigen Basis symbolisiert. Von der Straße betritt man sie ungehindert durch einen nach drei Seiten offenen Säulenraum. Unwillkürlich fühlt man sich an einen Tempeleingang erinnert.

Im Geschoss darüber öffnen sich monumentale Treppenhäuser und versteckte Räume. Immer wieder greifen die Architekten auf klassisch chinesische Farbtöne zurück – vor allem beim Siegellack-rostroten Würfel im Mittelbau und dem dezenten Gold. Aber hier werden sie nicht traditionell üppig-ornamental verwendet, sondern sparsam eingesetzt, mal flächig und mal pointiert. Wie ein Tuschebild mit farbigen Akzenten.

Weiter oben im roten Mittelbau liegen auf vier Etagen alle Veranstaltungsräume. Dieser Teil symbolisiert die Menschen. Schlichte, aber edle Materialien, modern übersetzte chinesische Holzstrukturen und immer wieder diese überraschende Weitläufigkeit – so entsteht ein ästhetischer Traum. Und dann, noch höher, kommt die Hauskrone, die den Himmel darstellt: ein nach klassisch chinesischen Maßen angelegter Garten mit rot belaubten Bäumen und immer neuen Blickachsen. Von außen nicht einsehbar, bietet er einen überwältigenden Panoramablick auf das Küstenland. Und nachts leuchtet der Mittelbau wie ein Herz im gläsernen Körper.

Adresse 1 Straits Boulevard, Singapur 018906 (Central Business District) | **ÖPNV** MRT DT 17 Downtown | **Öffnungszeiten** Mo–Fr 9–18 Uhr, außer bei Events | **Tipp** Ladies Night ist immer mittwochs 18 bis 22 Uhr in der Exchange Bar im Asia Square (8–12 Marina View) mit kostenlosen Margheritas und freiem Blick auf die vielen Geschäftsmänner …

16 Das chinesische Kaufhaus
Aufzug nach China

Hier sind die Waren noch ordentlich sortiert. Musikgedudel? Fehlanzeige. Tafeln mit Sonderangeboten? Nicht nötig. Markenkleidung? Gibt's nicht. Stattdessen echte seidene Cheongsams, die traditionellen chinesischen Festkleider, seidene Kimonos und Jacken, seidene Tücher und auch seidene Nacht- und Unterwäsche. Mit der freundlichen Hilfe von geschulten Damen älteren Jahrganges, die bei uns früher den Titel »Fachverkäuferin für Damenoberbekleidung« getragen hätten, kann man im Yue Hwa noch wahre Schätze finden.

Das ganze Kaufhaus versprüht den Eindruck, als ob hier alles noch seinen sozialistischen Gang ginge: China, China, China. Rechts vom Eingang liegt gleich die Abteilung für Traditionelle Chinesische Medizin. Hier gibt es Tees und Ingredienzien, die kein Mensch im Westen kennt. Die Apotheker stellen nach Rezept die Heilmittel zusammen.

Früher ging es auf den nun eher nüchternen Etagen luxuriös zu. Denn das heutige Yue Hwa war einst das chinesische Great Southern Hotel, das Raffles Chinatowns. Eröffnet vom vermögenden Unternehmer Lum Chang 1936, war es das erste chinesische Luxushotel mit Aufzug in Singapur. Stadtbekannte Cabarets, Tanzbars und die Chinese Opera unterhielten die zahlenden Gäste. Hier stiegen die chinesischen Reichen und Schönen und die Filmstars aus Hongkong ab, hier gab es rauschende Feste und die angesagtesten chinesischen Geschäfte.

Mit dem Umbruch Chinas und dem sich ändernden Musikgeschmack hin zu Rock'n'Roll begann auch der Niedergang des Hotels, die illustren Gäste wichen Normaltouristen aus Malaysia und Indonesien, das berühmte Cabaret und die Tanzbars schlossen. Die Hongkonger Kaufhauskette Yue Hwa kaufte 1993 schließlich das heruntergekommene Haus, restaurierte dessen denkmalgeschützte Fassade, aber veränderte das gesamte Interieur. Und immer noch besitzt dieses Haus diese gewisse Atmosphäre, diesen Hauch längst vergangener Zeiten.

Adresse Yue Hwa, 70 Eu Tong Sen Street, Singapur 059805 (Chinatown) | **ÖPNV** MRT NE 4/DT 19 Chinatown | **Öffnungszeiten** So–Fr 11–21 Uhr, Sa 11–22 Uhr | **Tipp** Der Spring Court in der 52–56 Upper Cross Street ist das älteste familiengeführte Restaurant Singapurs. Seit 1929 werden hier chinesische Gerichte nach Familienrezepten gekocht.

17 Das Civilian War Memorial

Vier Türme für die Ewigkeit

Es ist das »Stäbchen-Denkmal«, das »Chopstick Memorial«. So harmlos der Name klingt, so bilden die vier gut 68 Meter in die Höhe ragenden Betonpfeiler, die auf den ersten Blick an Essstäbchen der Chinesen erinnern, doch ein Kriegsdenkmal der anderen Art: Mit ihm erinnert Singapur an die zivilen Opfer der japanischen Besetzung im Zweiten Weltkrieg. Der Vergleich mit Essstäbchen ist in Singapur ganz und gar nicht anrüchig: Die beiden Türme des Kaufhaus-Komplexes Takashimaya werden damit genauso verglichen wie die drei Türme des neuen Spielcasino-Komplexes Marina Bay Sands.

Die vier Pfeiler des Denkmals stehen für vier Ethnien: Chinesen, Malaien, Inder und andere Ethnien, die unter der Besetzung litten. Die Japaner haben in Singapur zwischen 1942 und 1945 gehaust und stellten selbst Köpfe der erschossenen Zivilisten öffentlich zur Schau. Es wird geschätzt, dass die Besatzer rund 50.000 Zivilisten umbrachten. Mitte Februar 1962 entdeckte man fünf Massengräber in Siglap, wo Sand gewaschen wurde, später mehr als 40 weitere. Die Chinesische Handelskammer Singapurs blieb über Jahre federführend, das Gedenken an die Opfer zu erhalten, ihre Spuren zu verfolgen. Die Asche jener, die in den Gefängnissen Changis und an Hinrichtungsplätzen wie Siglap aufgelesen wurden, betteten die Singapurer nach dem Krieg in einer Grabkammer unter dem Denkmal zur letzten Ruhe.

Die Regierung stellte die Fläche für den Park im Herzen Singapurs zur Verfügung und übernahm mit der Kammer die Baukosten. Bei der Einweihung des Denkmals Mitte Juni 1963 sagte der damalige, heute legendäre Ministerpräsident Lee Kuan Yew: »Wie schmerzhaft die Vergangenheit auch war, müssen wir leben und für die Zukunft planen, ohne von ihr behindert zu werden. Wir können nicht vergessen, nicht vollständig vergeben, aber wir können die Wunden salben, die an so vielen Herzen fressen.«

Adresse im War Memorial Park an der Beach Road gegenüber Raffles City, Singapur 068912 (Kolonialviertel) | **ÖPNV** MRT CC 2 Esplanade | **Öffnungszeiten** immer | **Tipp** Zum Verwöhnen: Das Restaurant Golden Peony im Conrad Centennial Hotel eine Straße weiter bietet gehobene chinesische Küche.

18 — Der Club der Singvögel
Sängerkrieg der Tropenvögel

Bei uns ist der Kanarienvogel der 60er Jahre mit seinen Jod-S-11-Körnchen ja weitgehend aus Wohnzimmern und Werbung verschwunden. Hier aber, im Kebun Baru Bird Singing Club, wird er gefeiert. Auf einem großen Feld zwischen HDB-Blöcken hängen die kunstvoll geschnitzten Vogelkäfige mit den kostbaren Singvögeln zu Hunderten an Stangen, damit sie viel Luft und Licht bekommen. Und nicht nur der Kanarienvogel, sondern auch viele andere Singvögel: der Shama, der je nach Singqualität oder der Häufigkeit der Gefiederbewegungen beim Singen recht teuer sein kann. Der Jambul mit seiner schwarzen Haube und dem roten Fleck und weißen Kreis unter den Augen. Der Mata Puteh, klein und sehr niedlich, ebenfalls mit einem weißen Ring um die Augen. Alle singen schön, aber der beste der schönen Sänger ist der Merbok. Ihn erkennt man am Blau von Schnabel, Stirn und Backen und an der schwarz-weiß gestreiften Halskrause. Er kann schon mal an die 100.000 Singapur-Dollar kosten.

Die Vögel werden von ihren Eigentümern ab sechs Uhr früh hierhergebracht, um das Singen zu trainieren. Je mehr Vögel sich treffen, desto stärker sind sie animiert. Am meisten los ist am Wochenende zwischen 10 und 11 Uhr, bevor es zu heiß wird über Mittag. Es gibt auch große Singwettbewerbe, bei denen über tausend Stangen belegt sind. Überall tiriliert, zwitschert und zirpt es. Dann ziehen die Kampfrichter mit Stift und Klemmbrett von Stange zu Stange, um Timbre, Länge und Ausdauer des Gesangs zu bewerten.

An den Tagen ohne Wettbewerb liegt eine fast meditative Stille über dem Feld, das allein den Vögeln und ihrem Gesang gehört. Auch wenn man sich an den Käfigen stören mag und lieber Vögel in freier Natur sehen möchte, so ist man doch berührt von der Symphonie der zarten Laute im Wind. Und von der Hingabe der Eigentümer an ihre kleinen Geschöpfe. Den Kanarienvögeln in deutschen Wohnzimmern hätte das bestimmt auch gefallen.

Adresse Kebun Baru Bird Singing Club, Ang Mo Kio Avenue 5, Block 159, Singapur 560159 (Ang Mo Kio) | **ÖPNV** NS 16 Ang Mo Kio, dann Bus 138, 269 bis Block 151, den Weg zwischen Block 151 und 152 durchgehen, am offenen Feld des Ang Mo Kio West Parks entlang bis zum Club gegenüber Block 159 | **Öffnungszeiten** täglich 6–17 Uhr, am besten sonntags | **Tipp** Der wunderschöne Bishan-Ang Mo Kio Park (1384 Ang Mo Kio Avenue 1) entstand aus einem renaturierten Kanal, ein Eco-Projekt der Firma Dreiseitl vom Bodensee.

19 __ Das Corner House
Affige Wipfelstürmer

Affen bestimmten sein Leben. Zumindest einen wichtigen Teil: Der britische Botaniker in Singapurer Diensten, Edred John Henry Corner, nutzte die Primaten, und sie retteten ihm vielleicht das Leben.

Doch der Reihe nach: Corner ging in die Singapurer Geschichtsbücher ein, weil er den alten Botanischen Garten von 1929 bis 1945 führte. Der hochdekorierte Wissenschaftler war erfindungsreich: 1937 drang er bis in die Wipfel der Tropenbäume vor und half, die Forschung in diesem kaum erreichbaren Gebiet zu begründen. Corner behalf sich behänder Zeitgenossen: Er kaufte dressierte Makaken-Affen. Dörfler jener Zeit hatten sie darin geschult, Kokosnüsse zu pflücken. Die Wissenschaftler brachten ihnen bei, Samen, Früchte, Farne und Blätter aus 50 Meter Höhe herabzubringen. Und zwar so erfolgreich, dass Corner dafür sogar Geld von der britischen Kolonialverwaltung loseiste: Jeder Affe wurde mit 127 Dollar Steuergeldern jährlich unterstützt.

Das Verhältnis zwischen Mensch und Affe muss gut gewesen sein. Die Kletterkünstler bekamen malaiische Namen und wurden mit Reis, Bananen und rohen Eiern bei Laune gehalten. Allerdings mussten sie, das zeigen alte Fotos, lange Ketten tragen, um ja nicht mit ihrer Wipfel-Beute durchzubrennen. Das durften sie erst 1942: Als die Japaner in Singapur einfielen, ließ Corner seine Affen frei. Vielleicht bedankten sie sich auf ihre ganz eigene Art: Denn ein Affe biss den Forscher in den rechten Arm, der daraufhin weitgehend gelähmt war. Was zunächst nach einem schrecklichen Unglück klingt, sollte Corner vielleicht sein Leben retten: Der lahme Arm bewahrte ihn davor, in das verrufene Changi-Gefängnis gesperrt zu werden, wo viele Alliierte ihr Leben ließen.

Heute erinnert das nach ihm benannte Corner House im Botanischen Garten an den großen Forscher. Das 1910 gebaute Black & White House beherbergt ein gleichnamiges Spitzenrestaurant.

Adresse im Botanischen Garten, 1 Cluny Road, Singapur 259569 (Tanglin), Tel. +65/64691000 | **ÖPNV** MRT CC 19/DT 9 Botanic Gardens, oder mit dem Taxi zur Nassim Gate fahren | **Öffnungszeiten** Di–Sa 12–15 und 18.30–23 Uhr, So 11.30–15 und 18.30–23 Uhr | **Tipp** Der Cluny Court liegt vis-à-vis der MRT Botanic Gardens. Hier genießt man kühle Getränke und italienischen Kaffee und schlendert durch Singapurer, französische oder schwedische Boutiquen.

20_ Das David Elias Building
Liebe unter dem Davidstern

Die Davidsterne strahlen von den Giebeln und seinen beiden Seitenwänden: Das David Elias Building aus dem Jahr 1928 zeigt, dass sein Erbauer jüdischen Glaubens war. Der gleichnamige Kaufmann hatte es bei den Kolonialarchitekten Swan & Maclaren in Auftrag gegeben. Sie bauten unter anderem den Teutonia Club, heute das Goodwood Park Hotel, und die Sultan Mosque. Zeitweise residierte in dem Geschäftshaus das Sun Sun Hotel.

Die Juden teilten sich im aufstrebenden Singapur in zwei Klassen: Die Reichen wohnten am Stadtrand, wie die Kolonialherren. Die meisten sephardischen Juden aus Bagdad blieben hingegen im Viertel um das Elias und das nahe Ellison Building, das ebenfalls einen Davidstern auf dem Dachgiebel trägt. Im Viertel »Mahallah« (Platz) gab es koscheres Essen und obendrein den Klatsch aus der Gemeinde. Die Elias-Familie besaß neben dem würdevollen gelben Geschäftshaus auch Land und einen Bungalow in Pasir Ris. Nach Amber Elias ist die Amber Road benannt, nach ihren Söhnen Joseph und Ezra die Elias Road, die einst zum Ferienhaus führte.

Für ihre 18-jährige Tochter Rebecca arrangierte die Elias-Familie eine Hochzeit mit einem sephardischen Juden, der freilich viel älter war als sie. Es kam, wie es kommen musste: Rebecca verlor ihr Herz an einen anderen, David Frankel. Er sah gut aus, hatte, was ein Herzensbrecher brauchte, zählte aber zu den aschkenasischen Juden Singapurs. Deshalb dauerte es und kostete wohl einige Tränen, bis Mama Elias die Liebeshochzeit abnickte. Geholfen haben mag der Wohlstand der Frankels, der demjenigen der Elias-Familie in nichts nachstand. Die Frankels stehen auf den verblichenen Schwarz-Weiß-Fotos vom Besuch Albert Einsteins 1922 direkt neben Manasseh Meyer, dem ungekrönten König der jüdischen Gemeinde Singapurs. Sie hatten ihr Geld in den frühen Jahren Singapurs mit einem Möbelhaus verdient und besaßen daneben auch noch große Kokosnussplantagen.

Adresse 270 Middle Road, Singapur 188993 (Bugis) | **ÖPNV** MRT EW 12/DT 14 Bugis | **Öffnungszeiten** nur von außen zu besichtigen | **Tipp** Das nahe gelegene Lasalle College of the Arts ist allein schon architektonisch interessant, sein quirliges Studentencafé Lower Case ist für jedermann zugänglich.

21 Die drei Samsui-Frauen
»Trümmerfrauen« Singapurs

Die Püppchen tragen rote Hüte und blaue Anzüge. Verkauft werden sie als Schlüsselanhänger oder Kühlschrankmagneten. Dabei haben sie eine so spannende Geschichte zu erzählen. Denn ohne die »Trümmerfrauen« der Stadt gäbe es Singapur so nicht. Deshalb sind die Samsui-Frauen auch auf vielen Gemälden verewigt. Die Künstlerin Liu Jilin hat ihnen vor dem URA-Gebäude in Chinatown sogar eine Skulpturengruppe gewidmet. Ab den 20er Jahren des vergangenen Jahrhunderts kamen sie aus dem Samsui-Distrikt der Provinz Kanton in Südchina nach Singapur. Während der Großen Depression gab es zu viele Männer, die Arbeit suchten. Die Briten schlossen die Grenzen für weitere Männer. So hatten nun hart arbeitende Frauen die Chance, in die Kolonie zu gelangen.

Wie die meisten chinesischen Einwanderer gingen sie nach Chinatown. Hier lebten sie in sehr ärmlichen und beengten Verhältnissen. Aber die jungen Chinesinnen waren bekannt für ihre starke Persönlichkeit, sie lebten meist unter sich und blieben sehr häufig unverheiratet. Und sie weigerten sich, als Prostituierte oder im Drogenhandel zu arbeiten.

Vielmehr gingen sie auf die Baustellen. Sie schleppten Steine, Erde und Zement in Körben, die an beiden Seiten eines Schulterjochs hingen. So wie es die Skulpturengruppe anschaulich zeigt. Das Erkennungszeichen der Bauarbeiterinnen aus Samsui ist der rote, gestärkte und quer gefaltete Hut aus Baumwolle. Er diente als Sonnenschutz, zur Aufbewahrung von Geld und Zigaretten und gewährte Sicherheit auf den Baustellen. Ihre blauen Anzüge waren praktisch gegen Schmutz und Staub. Sie waren die weiblichen Kulis und trugen bis in die 70er Jahre mit dieser Knochenarbeit wesentlich zum Aufbau Singapurs bei.

Deshalb sind die Arbeiterinnen in das kollektive Gedächtnis der Stadt eingegangen, öffentlich verehrt. Und deshalb finden sich Andenken an sie heute sogar in den Touristenshops.

Adresse vor dem URA-Gebäude, 45 Maxwell Road, Singapur 069118 (Chinatown) | **ÖPNV** MRT EW 15 Tanjong Pagar | **Tipp** Im Chinatown Heritage Centre gibt es anschauliche Darstellungen des Lebens in Chinatown in den harten Anfangsjahren Singapurs (Touren unter https://chinatownheritagecentre.com.sg).

22 Das Durian Café
Ein grünes Stinke-Monster mit Stachel-Haut

Rote Metallhocker. Eine gestreifte Markise. Gestank.

Oder Genuss? Das kommt auf die Sichtweise an. Und die könnte gegensätzlicher kaum sein. Denn hier geht es um die Durian, liebevoll auch Stinkfrucht genannt. Manchem schmeckt sie, aber allen stinkt sie. In Singapur ist sie ein Wahrzeichen.

Das lichtgrüne Ungetüm mit seinen Krokodilhautzacken gibt es an vielen Ecken der Stadt zu kaufen. In der Saison aber bietet sich die Fahrt zum Tanglin Village an. Das ist zwar eigentlich ein überteuertes Vergnügungsviertel für Nachtschwärmer. Doch ganz hinten rechts, vorbei am Inder und dann eine Sackgasse hinab, liegt das Paradies der Durian-Liebhaber. Ein kleiner Stand, nachts mit nackten Leuchten aufgehübscht, bietet Durian-Sorten wie Gold Phoenix, Mao Shan Wang oder Hong Xia, was nichts anderes als rote Krabbe heißt, aber ganz anders schmeckt.

Seinen Stand gründete Wan Li Xiang in den 50er Jahren. Damals, so erzählt er, gab es hier am Dempsey Hill noch mehrere Durian-Händler, heute seien sie »alle gestorben«. Er aber lebt noch, hoch in seinen Achtzigern. Jeden Tag gegen drei Uhr am Nachmittag bekommt er seine Lieferung, um acht Uhr abends ist er dann abverkauft. Wans Pluspunkt: Er bietet als einer der Letzten noch die Durians von der Insel Pulau Ubin an. Das Eiland gilt als grüne Ecke Singapurs und ist bekannt für seine fußballgroßen Früchte.

Wer bei Herrn Wan kauft, verzehrt seine Durian am besten gleich im Freien an den Tischen vor dem Stand. Denn mit Bahn und Bus darf er nicht fahren mit dem grünen Monster, auch nicht ins Theater oder Kino. Und auch in den eigenen Wagen packt man den »König der Früchte« ungern. Zu beißend der Gestank, der manchen an überreifen Camembert erinnert. Um die Nationalfrucht trotzdem genießen zu können, backen die Singapurer sie inzwischen in Kekse, verrühren sie im Milchshake oder reichen sie zu Klebreis. Schmeckt auch nicht jedem, stinkt aber weniger!

Adresse 7 Dempsey Road, Singapur 249684 (Tanglin) | **ÖPNV** Bus 7, 75, 77, 105, 106, 123, 174 bis After Peirce Road | **Öffnungszeiten** täglich 15–0 Uhr | **Tipp** London, New York, Tokyo, Beijing – und jetzt auch Singapur: Der Dover Street Market ein paar Gebäude weiter zeigt 15 ausgewählte internationale Modelabels auf sehr ungewöhnliche Art.

23 Die Einstein-Gedenktafel
Erst Bittsteller, dann Nobelpreisträger

Als Albert Einstein am Donnerstagmorgen, dem 2. November 1922 gemeinsam mit seiner Frau Elsa das japanische Dampfschiff »Kitano Maru« im Hafen Singapurs verließ, wollte er Geld. In der jüdischen Gemeinde der Kolonialstadt bat Einstein um Hilfe für eine hebräische Universität in Jerusalem. Viele Juden Singapurs – der Zensus sprach von 623 – waren wohlhabend.

Eine Schar Bewunderer wartete auf den 43-jährigen Promi aus Deutschland. »Der große Wissenschaftler und seine Frau wurden von den führenden Mitgliedern der jüdischen Gemeinde empfangen«, berichtete die Zeitung »Straits Times«. Einstein vermerkte in seinen Notizen, dass er »von Zionisten freundlich begrüßt« worden sei.

Der Physiker lernte den tropischen Wohlstand kennen. Er zeigte sich angetan von der Kokos-Plantage des Abraham Frankel. Der Philanthrop baute auch die angrenzende Opera-Plantage, deren Wege er Aida, Carmen und Fidelio taufte. Fremd musste Einstein sich nicht fühlen: Seine Gastgeber waren die Montors, die Familie eines deutschstämmigen Diamantenhändlers, der in Einsteins Muttersprache mit ihm parlieren konnte. Doch lästerte der Gast insgeheim, dass die Willkommensrede Alfred Montors steif und überfrachtet mit Phrasen gewesen sei.

Einstein ertrug alle Höflichkeiten, um den Zweck seiner Reise nicht zu gefährden: Abgesehen hatte er es wohl auf den schwerreichen Manasseh Meyer, einen orthodoxen Juden, der vom Handel mit Opium und Immobilien lebte. Sein Haus, so Einstein, wirke wie ein »Palast«, der Gastgeber wie ein »Krösus«.

Ob seine Mission erfolgreich war, konnte der Bittsteller nicht gleich ausmachen: »Ich weiß nicht, ob eine meiner Raketen das dicke Fell von Krösus durchdrang«, schrieb Einstein. Als der dann frischgebackene Nobelpreisträger aber im Januar 1923 noch einmal in Singapur haltmachte, hieß es, Manasseh Meyer hätte 500 Pfund und die jüdische Gemeinde 250 Pfund für die Uni gespendet.

Adresse Upper East Coast Road, gegenüber der Jalan Tua Kong vor dem öffentlichen Parkplatz, Singapur 455208 (Bedok) | **ÖPNV** MRT CC 8 Dakota, dann Bus 10 bis Opposite Springvale | **Öffnungszeiten** immer geöffnet | **Tipp** Im East Coast Park entlang des Meeres kann man spazieren, radeln, skaten und gut essen gehen.

24 Die Eng-Aun-Tong-Fabrik
Der springende Tiger kuriert das Zwacken

Nackenschmerzen? Rücken? Der Kopf hämmert? Kein Problem. Wir sind in Singapur, und da gibt es diese zähe, klebrige Paste, die magisch wirkt und gegen alles hilft: Tiger Balm. Angeboten in einer achteckigen Glasdose, wird die Creme in mehr als hundert Ländern verkauft.

Nein, sie stammt nicht aus Singapur. Aber hier ist sie groß geworden. Zusammengerührt hatte sie ein Pharmazeut am kaiserlichen Hof in Peking. Um 1870 zog sein Sohn Aw Chu Kin ins burmesische Rangun, damals ein pulsierender britischer Handelsposten. In seiner dort gegründeten Apotheke Eng Aun Tong (»Halle des ewigen Friedens«) mischte er Pasten und Tinkturen an. Seine Söhne verfeinerten das Rezept zu Tiger Balm. Später, schon reich geworden, verlagerten sie das Unternehmen nach Singapur (siehe Kapitel 111).

In der dortigen Chinatown entstand 1924 ein Fabrikgebäude im neoklassizistischen Stil – heute liegt genau gegenüber das Goethe-Institut. Hier ließen die Aws nun die Creme aus Methanol, Kampfer, Zimt, Pfefferminz und Nelken zusammenrühren, in achteckige Gläschen abfüllen, mit einem goldfarbenen Deckel verschrauben und mit dem berühmten orangen Etikett mit dem springenden Tiger bekleben. Das Fabrikhaus, das nach der Jahrtausendwende auch mal eBay beherbergte, zeichnet sich vor allem durch sein Dach aus: Es war eines der ersten Häuser Singapurs mit einem Flachdach. Viel wichtiger aber: Zur Straße hin besitzt es ein Türmchen. Und das ist, wie könnte es anders sein, achteckig. Auch der Name des Hauses ließ keine Fragen offen: »The Tiger Medical Hall« prangte über dem Eingang.

Der Erfolg kam schnell. Schon bald bauten die Aws eine zehnmal so große Fabrik im Industriegebiet Jurong. Ihre Firma wurde in den folgenden Jahrzehnten mehrfach verkauft. Irgendwann galt Tiger Balm aber nur noch als Salbe aus Großvaters Zeiten. Erst Marketing-Experten halfen dem Tiger später wieder auf die Beine.

Adresse 89 Neil Road, Singapur 088849 (Chinatown) | **ÖPNV** MRT EW 16 / NE 3 Outram Park | **Öffnungszeiten** nur von außen zu besichtigen | **Tipp** Gegenüber im Kadampa Meditation Centre kann man dienstags, mittwochs und freitags zur Drop-in-Meditation gehen (Tel. +65/64381127).

25 Die ERP-Brücke
Zahlen, wenn es piepst

Singapur ist eine Autostadt. Oder nicht? Man braucht zwar nur zum Conrad Hotel zu gehen, um orange oder grellgrüne Boliden fein aufgereiht parken zu sehen. Zugleich aber ist Autofahren in der Tropenmetropole so teuer wie in kaum einer anderen Stadt der Erde.

Wer auf sich hält, hat nicht nur einen Bentley, sondern auch einen Ferrari für das Wochenende. Den fährt er dann im benachbarten Malaysia aus, denn im Stadtstaat sind die Strecken kurz und die Straßen voll. Aber auch im Schneckentempo kann man zeigen, dass man eine hohe sechsstellige Summe in einen fahrbaren Untersatz stecken kann.

Doch alle, die unterhalb der Ferrari-Lamborghini-Maserati-Gehaltsklasse vegetieren, stöhnen über die hohen Kosten. Es fängt mit der Zulassung an, führt über saftige Parkplatzgebühren und endet unter einer dieser riesigen grauen Brücken, die über jeder Einfallstraße in die Innenstadt stehen. Bei jedem, der sie passiert, piept's – denn jedes Fahrzeug in Singapur muss eine Geldkarte im Lesegerät an der Windschutzscheibe mit sich führen. Von der wird mit dem Piepston eine Gebühr für die Einfahrt ins Zentrum abgezogen. Unten wird mit Blitzlicht die Nummer aufgenommen, oben leuchtet der Preis auf, der je nach Verkehrsaufkommen variiert und bis zu zwei Dollar betragen kann. So werden Bürger angehalten, auf Busse, Bahnen, die Taxis mit ihren manchmal greisen Fahrern oder die inzwischen allgegenwärtigen Fahrräder umzusteigen.

Die große graue Schranke am oberen Ende der Orchard Road steht da wie ein Einfallstor ins Einkaufsparadies. Hereingelassen wird nur der, der zahlt. Singapur nutzt das ERP, das Electronic Road Pricing, seit 1998. Doch sind die Tage der Brücken gezählt: Bald schon soll das Messsystem umschalten auf ein satellitengesteuertes GPS, das dann nicht nur die Einfahrt berechnet, sondern minutengenau den Aufenthalt in der Innenstadt festhält. Fairer wird es. Billiger aber ganz sicher nicht.

Adresse über der Orchard Road an der Kreuzung Scotts Road/Paterson Road (Zentrum) | **ÖPNV** MRT NS 22 Orchard | **Öffnungszeiten** immer | **Tipp** Im Untergeschoss des Kaufpalasts ION Orchard liegt Tori Q, ein japanischer Grill, der Fleisch auf Spießchen mittels einer technisch faszinierenden Maschine röstet; Vorsicht: Die Soße macht süchtig (#B 4-53).

26 Die Former Ford Factory
Zwei Tage unter falschem Namen

Manchmal will man es allen recht machen – und liegt dann doch daneben. So geschehen bei der Old Ford Factory. Die erste Fabrik in Südostasien für Automobile des amerikanischen Herstellers ist als solches sicher schon ein Stück Zeitgeschichte. Die Bedeutung ist für die Singapurer aber eine ganz andere. Denn im Februar 1942 kapitulierten die damaligen britischen Kolonialherren in diesem Gemäuer und übergaben die Herrschaft an die japanischen Sieger. Es folgten drei schreckliche Jahre japanischer Verbrechen an der Singapurer Zivilbevölkerung, die die kollektive Erinnerung im Stadtstaat bis heute prägen.

Das alles ist bekannt. Und wurde gespiegelt in einer Ausstellung über den Zweiten Weltkrieg und die »schwärzesten Stunden in Singapurs moderner Geschichte«, die die Ford Factory über Jahre zeigte. Dann aber folgte deren Umbau, man wollte moderner und lebensnaher werden. Damit einher ging die Umbenennung: »Syonan Gallery – Der Krieg und sein Erbe«. Doch sofort folgte ein Proteststurm, denn »Syonan-to«, »Das Licht des Südens«, ist der Name, den die Japaner Singapur während der Besatzungszeit gegeben hatten. Das Wort weckt bei Singapurern traumatische Erinnerungen. Also hieß die Galerie nur für zwei Tage »Syonan«. Am Freitag nach der Eröffnung erklärte die Regierung, aufgrund des Proteststurms vor allem im Internet firmiere die Ausstellung fortan unter »Die japanische Besetzung überleben – Der Krieg und sein Erbe«. Ministerpräsident Lee Hsien Loong sagte: »Eine ganze Reihe (Bürger) fühlten, dass der Name selber sie verletze, wenn er so genutzt würde. Viele Singapurer aller Ethnien durchlitten fürchterliche Gräueltaten während der japanischen Besetzung.« Und so wurde die Old Ford Factory, 75 Jahre nach ihrer Schließung, fast nebenbei nicht nur zu einem Symbol für die Abscheulichkeit des Krieges, sondern auch für die rasche Anpassungsfähigkeit der Regierung des Stadtstaates.

Adresse 351 Upper Bukit Timah Rd, Singapur 588192 (Bukit Timah) | **ÖPNV** MRT DT 3 Hillview, dann Bus 67, 170, 171, 961 bis Opposite The Hillside | **Öffnungszeiten** täglich 9–17.30 Uhr, Führungen unter www.nas.gov.sg/formerfordfactory | **Tipp** Im Café-Restaurant Spruce Firestation in derselben Straße Nummer 260 sitzt man in der ehemaligen Halle der Löschwagen.

27 Das Gandhi-Denkmal
Letzte Reise von Indiens Vater

Antikoloniale Strömungen waren in Singapur nach dem Ersten Weltkrieg Mode. Und so brachten hier die indischen Nationalisten jener Tage, wie der spätere indische Ministerpräsident Pandit Jawaharlal Nehru und Netaji Subhas Chandra Bose, der seine Widerstandsbewegung von Singapur aus lenkte, ebenso Menschenmengen zusammen wie der indische Literatur-Nobelpreisträger Rabindranath Tagore. Kein Wunder, dass die große indische Diaspora auch Gandhi verehrte.

Zwar schaffte es Gandhi zu seinen Lebzeiten nie auf die Insel. Doch trat er von hier seine letzte Reise an: Ein Teil seiner Asche war nach der Verbrennung des Körpers nach Singapur geflogen worden, um von dort aus zu den indischen Gemeinden der Region gebracht zu werden. Nach der Rückkehr aus Ipoh im heutigen Malaysia wurde die Urne am 27. März 1948 in einer Prozession durch die Stadt gebracht. Weil die See zu rau war, um weit hinauszufahren, lud man die Urne am Clifford Pier auf ein kleines Boot mit Sonnendach, das mit Blumen geschmückt war. Fünf Mädchen sangen noch einmal Gandhis Lieblingslied »Raghupathi Raghava Raja Ram«. Der Entsandte der indischen Regierung mischte die Asche dann mit Wasser des Ganges, bevor er sie dem Meer übergab. Die Menschen auf mehr als 20 Booten, die in die Mündung des Singapore River hinausgefahren waren, versuchten, so schnell sie konnten, das Meerwasser um das Boot in Schalen zu füllen, um sich ein Andenken zu sichern. Über der Szene kreiste mehr als eine Stunde lang ein Flugzeug und warf Rosenblätter ab. Am Ufer verbeugten sich derweil Tausende, um ihrem Idol die letzte Ehre zu erweisen.

Zwei Jahre später legte Nehru dann den Grundstein für die Mahatma Gandhi Memorial Hall am Rande Little Indias. Zuvor hatte die Bevölkerung gut 100.000 Singapur-Dollar für den Bau gespendet. Eine Büste in der Halle und ein Relief an ihrer Außenwand halten die Erinnerung an den großen Sohn des Subkontinents wach.

Adresse Mahatma Gandhi Memorial Hall, 3 Race Course Lane, Singapur 218731 (Little India) | **ÖPNV** MRT NE 8 Farrer Park | **Öffnungszeiten** immer zugänglich | **Tipp** Süß und fettig: Im Moghul Sweet Shop in der Little India Arcade (48 Seragoon Road) gibt es all diese sündhaft leckeren Süßwaren Indiens, die man einfach mal probiert haben muss.

28 Die gläsernen Drachen
Nachtarbeit für Blumenpracht

Was hier über der Erde passiert, begeistert Touristen und Singapurer gleichermaßen. Ein Blumenmeer, nie gesehene Pflanzen aus dem Nordwesten dieser Erde, gekühlte Gewächshäuser unbekannten Ausmaßes. Wie es aber hinter den Kulissen von Singapurs riesigen Gardens by the Bay zugeht, weiß kaum einer. Die Arbeit findet entweder nachts oder unter Tage statt.

Wie zwei gläserne, schlafende Drachen wirken die beiden wuchtigen Gewächshäuser im neuen Botanischen Garten der Stadt. 38 Meter wölbt sich der Flower Dome in die Höhe, 58 Meter der danebenliegende Cloud Forest mit seinem künstlichen Berg. Die Kuppel von Ersterem besteht aus 3.300 Glaspaneelen, die andere aus mehr als 2.500 – die übrigens in Deutschland entwickelt wurden. Dreimal im Jahr werden die in der Tropensonne schimmernden Glasdächer vollständig gewaschen.

Erst dadurch gelangen die Hauptdarsteller hier zu ihrer vollen Blüte. Insgesamt zählen die Gärten rund 1,5 Millionen Pflanzen. Sie verlangen nach Umsicht und Pflege. In einem nicht öffentlichen, klimatisierten Blumenversuchszentrum testen Gärtner neue Pflanzen und züchten Hybride. Etwa siebenmal im Jahr wird in den Domes umgepflanzt. Dies geschieht über Nacht, ab neun Uhr, wenn die beiden Häuser schließen. Dann wird bis drei Uhr morgens geschuftet.

Die seit der Öffnung 2012 fast 40 Millionen Gäste sind auch von den 18 künstlichen Bäumen fasziniert. Sie schafften es schon bis zum Anzeigenmotiv der Deutschen Bank. Auf ihnen wachsen 163.000 Hängepflanzen, die aus mehr als 200 Arten ausgewählt wurden. Der wahre Zweck der bis zu 50 Meter hohen Stahltürme aber bleibt verborgen: Einige der »Supertrees« dienen als Schornsteine. Denn tief unter den Gärten liegt eine Verbrennungsanlage, die Strom aus Grünabfällen gewinnt – nicht nur aus den Gärten, sondern aus ganz Singapur. Damit werden die Gewächshäuser gekühlt. Und die Asche dient als Pflanzendünger.

Adresse Gardens by the Bay, 18 Marina Gardens Drive, Singapur 018953 (Marina Bay) | **ÖPNV** CC 1 / DT 16 Bayfront | **Öffnungszeiten** täglich 5–2 Uhr | **Tipp** Im Restaurant Din Tai Fung im Marina Bay Sands sind die handgemachten Dumplings einen Michelin-Stern wert. Die Küche hinter Glas zeigt ihre Herstellung.

29 Das goldene Dach
Eine Markise für die National Gallery

Auf einem Plastikstuhl auf dem Rasen des Padang sitzend, schwitzend in der schattenlosen Gluthitze der tropischen Mittagssonne – so fand der Architekt Jean François Milou seine Inspiration. Es galt, einen Wettbewerb zu gewinnen, den Supreme Court und die City Hall zur neuen Nationalgalerie zusammenzuführen. Hautnah erlebte der französische Baumeister während seiner Arbeitssitzung in der Hitze auf dem Rasenplatz vor den beiden Gebäuden, welche Bedeutung Schatten in den Tropen besitzt: Ein Dach musste her.

Mit diesem Dach gewann Milou die Ausschreibung. Denn es war anders als alle Dächer zuvor. Ein lichtes Vlies aus 15.000 goldfarbenen Aluminiumplatten, mit Aussparungen in den verschiedensten Formen. Das Zusammenspiel von Licht und Schatten wurde so zum zentralen Thema von Milous Bau. Sein Dach ist das verbindende Element der unterschiedlichen Häuser: Die durchbrochenen Platten filtern das gleißende Licht der tropischen Sonne und wandeln es in luftiges Gold. Sonnenflecken und Schattenspiele wechseln sich ab wie unter dem Palmendach einer Hütte.

Das Vlies zieht sich über die beiden Dächer und überspannt das Eingangsportal – golden strahlend, sichtbar noch vom anderen Ende des Padang, wo Milou einst in der Mittagssonne seine Erleuchtung hatte. Diese Markise mutet zugleich sehr asiatisch, aber auch sehr französisch an. Jeder, der durch Singapur geht, kennt dieses Bild: Bunt bedruckte Markisen schützen die Läden und ihre Auslagen vor Sonne und Staub. Und was wäre ein typisch französisches Straßencafé ohne seine Markise?

So feinsinnig Milou allein schon beim Vlies mit west-östlicher Kultur spielt, so tut er dies im ganzen Haus: Die alten kolonialen Elemente verband er behutsam mit modernster Museumstechnik und Architektur. Dank des Franzosen und seiner Schwitzkur auf dem Rasen ist die Nationalgalerie mit ihrer südostasiatischen Kunst heute Gold wert.

Adresse 1 St Andrew's Rd, Singapur 178957 (Kolonialviertel) | **ÖPNV** MRT EW 13 / NS 25 City Hall | **Öffnungszeiten** Sa–Do 10–19 Uhr, Fr 10–21 Uhr, Führungen unter www.nationalgallery.sg | **Tipp** Auf dem Padang, dem öffentlichen Platz vor der Gallery, liegt der alte Singapore Cricket Club aus dem Jahr 1852, malerisch im Kolonialstil.

30__ Das Goodwood Park Hotel
Vom abrupten Ende deutscher Gemütlichkeit

Da steht dieses Schlösslein auf dem Hügel inmitten des Trubels, wie aus der Zeit gefallen. Viel zu erzählen hätte das Goodwood Park Hotel, gelegen mitten im Stadtkern. Als die Plantagenbesitzer Ende des 19. Jahrhunderts hier noch ihre Muskatnüsse anbauten, wollten die Deutschen sich in der Tropenhitze ein Stück Heimat schaffen. Der Club Teutonia hatte Türmchen und ein Dach wie ein Schloss auf den Hügeln am Rhein. Der Autor David Brazil spottete später, es sei das »einzige Dach Singapurs, das einem Schneesturm standhalten« würde.

Schnee gab es nicht in der Tropenmetropole, wohl aber wurde der Club Teutonia zum Opfer der politischen Wirren. Im Ersten Weltkrieg setzten die Briten die gut hundert Deutschen auf der Insel fest und kassierten deren Sport- und Erholungsclub. Nach Kriegsende wurde er dann versteigert. Die drei Brüder Manasseh oder ihr Entsandter hoben zur rechten Zeit die Hand. Die sephardischen Juden aus Kalkutta waren mit Opiumhandel, Reis- und Immobiliengeschäften zu Superreichen ihrer Zeit geworden (Manaseeh Meyer unterstützte Einstein finanziell, siehe Kapitel 23). Ezekiel Saleh Manasseh wohnte zu jener Zeit in der heutigen Britischen High Commission, der Eden Hall. Aus dem früheren Teutonia-Haus formte er die Goodwood Hall, einen Amüsierclub mit Restaurant.

Der Tanz endete 1942, als die Japaner nach der Besetzung ihre Offiziere im Goodwood einquartierten. Manaseeh starb in japanischer Haft, sein Stiefsohn Vivian Bath wurde in ein Arbeitslager auf Hokkaido verschleppt. Von dort gelangte er nach Australien und kaufte 1947 seinen beiden Stiefonkeln die Anteile am Goodwood Park für 600.000 Dollar ab – um daraus einen Konkurrenten des Raffles Hotels zu formen. Dafür brauchte das altehrwürdige Goodwood manche Premiere: Es war das erste Hotel Singapurs mit Swimmingpool, das erste mit gekühltem Weinkeller und das erste Haus, das Zimmermädchen einstellte.

Adresse 22 Scotts Road, Singapur 228221 (Zentrum) | **ÖPNV** MRT NS 22 Orchard | **Öffnungszeiten** Hotelbetrieb | **Tipp** Gegenüber liegt in einem malerischen Black-&-White-Haus das Restaurant The Song of India mit feiner indischer Küche.

31 Das Grab des Tan Tock Seng

Singapurs großer Gönner

Man muss schon suchen, will man dieses Grab aufspüren. Am Rande des hippen Gevierts Tiong Bahru soll es liegen, aber selbst viele Einheimische kennen es nicht. Am Hang nahe des Pearl's Hill findet man es dann ganz versteckt, fast überwuchert vom Grün; ein einfaches, typisch chinesisches Steingrab, einziger Schmuck sind nur die kleinen, gemeißelten Löwen. Ein Ort des Friedens, auch wenn der Hügel umspült wird von der mehrspurigen Outram Road.

Auf dem Pearl Hill fing alles an, denn hier hat Tan Tock Seng 1844 sein erstes Armenhospital bauen lassen. Der zu großem Reichtum gekommene Hokkien-chinesische Geschäftsmann spendete die für damalige Verhältnisse fürstliche Summe von 5.000 Dollar für den Bau.

Unter den britischen Kolonialherren war die medizinische Versorgung der Armen so mangelhaft, dass viele in den Straßen der Stadt hausen mussten. Das wollte Tan ändern.

Selbst aus kleinen Verhältnissen aus Malakka eingewandert, verdingte er sich zunächst als Obst- und Geflügelverkäufer in der aufstrebenden Kolonialstadt Singapur. Er arbeitete hart und baute sich ein Geschäft am Boat Quay auf, aber erst seine Geschäftsbeziehung zu einem englischen Kaufmann, verbunden mit erfolgreichen Immobiliengeschäften, machte aus ihm einen der wohlhabendsten Bürger der Stadt. Hoch angesehen von der chinesischen Bevölkerung, nannten sie ihn den »Kapitän der Chinesen«. Aber auch bei den Kolonialherren genoss er große Achtung, sie ernannten ihn als ersten Chinesen zum Friedensrichter. Sein Hospital, sein Vermächtnis, steht heute nicht mehr auf dem Pearl's Hill, sondern liegt jetzt in der Moulmein Road. Das moderne Tan Tock Seng Hospital ist eines der besten der Stadt, jeder Singapurer kennt es, und selbst Staatsgründer Lee Kwan Yue war Patient dort. Aber Tan Tock Sengs sterbliche Überreste liegen hier, am Hang des Hügels. Unvergessen und doch fast vergessen.

Adresse 254 Outram Road, Singapur 169051 (Tiong Bahru), auf einem bewaldeten Hügel neben der Straße auf Höhe der Seng Poh Road | **ÖPNV** MRT EW 17 Tiong Bahru, dann Bus 33, 63, 122 oder 851 bis Eton House Preschool, dann zwei Minuten zu Fuß | **Öffnungszeiten** immer zugänglich | **Tipp** Im gegenüberliegenden In-Viertel Tiong Bahru liegen die »Flugzeughäuser«, ehemalige Sozialbauten aus den 1940er Jahren, so genannt wegen ihrer aerodynamischen Form.

32 — Die Granathülse
Singapurs Chefgärtner

Eigentlich sind die Hülsen von Granaten ein abscheuliches Zeugnis des Abschlachtens von Menschen. Nicht aber, wenn sie vergoldet sind, graviert und im Alten Botanischen Garten Singapurs stehen. Diese hier, in einem Schaukasten im Museum der Geschichte des Gartens ausgestellt, kommt mit einem Brief des Ministerpräsidenten. Darin schreibt er, dass beim Staatsbegräbnis seines Vaters Lee Kuan Yew vier Haubitzen des 21. Bataillons 21 Schuss zu Ehren des geachteten Politikers abgegeben hätten. Eine der golden schimmernden Hülsen wurde gestiftet.

Warum aber gerade dem Botanischen Garten? Weil sie an den größten Förderer des grünen Singapur erinnert. »Herr Lee hatte die Vision einer Gartenstadt, in der Bäume die Wege und Straßen säumen, um die Menschen zu schützen und die Umwelt zu kühlen, und Land vorgehalten wird für Parks und Grünflächen, sodass jedermann die Schönheit der Natur genießen kann«, beschreibt der Sohn die Vision des Vaters. 1963 hatte der das Konzept einer grünen Stadt entwickelt, das dann zur »Gartenstadt« und später zur »Stadt im Garten« ausgebaut wurde. Das Grün sollte die Insel für Touristen und Investoren attraktiv machen. Der Botanische Garten erklärte in einer Broschüre in den vier Landessprachen, wie man einen Baum hochzieht. Die Arbeiter und Forscher im Garten halfen, die Zöglinge bereitzustellen und auch die Pflanzenarten und Farben durch Züchtungen zu vermehren. Und die Bürger? Sie gehorchten wie immer: Schon im ersten Jahr der Kampagne pflanzten sie Tausende Bäume. Seit 1971 feiert die Stadt sogar den Tag des Baumpflanzens.

Der Staatsgründer Lee Kuan Yew, der den Stadtstaat mit harter Hand aufbauen ließ, wird längst auch als »Singapurs Chefgärtner« verehrt. Bei so viel gelebter Liebe zum Grün fehlt eigentlich nur noch, dass die veredelte Granatenhülse heute als Blumentopf genutzt wird. Dem unprätentiösen Lee hätte das wohl gefallen.

Adresse Heritage Museum in Singapore Botanic Gardens, Eingang Tanglin Gate, 1 Cluny Road, Singapur 259569 (Tanglin) | **ÖPNV** Bus 7, 77, 106, 123, 174 ab Orchard Boulevard bis Opposite Botanic Gardens | **Öffnungszeiten** täglich 9–18 Uhr, geschlossen jeden letzten Montag im Monat, die angeschlossene CDL Green Gallery täglich 9–18 Uhr, geschlossen jeden letzten Dienstag | **Tipp** Vom Ausgang Nassim Gate nach links die Evans Road entlanggehen, dann findet man Mr. Prata, das Paradies für indische Pfannkuchen aller Art.

33 Die grünen Dächer des Tangs

Weihnachten bleiben die Türen zu

Längst verleugnet die Orchard Road ihre chinesische Herkunft. Wäre da nicht dieser riesige Pagodenturm mit seinen grünen Dächern und den roten Säulen. In ihm liegen heute die Zimmer des Marriott Hotels. Darunter aber findet sich ein ganz besonderes Kaufhaus: das Tangs. Sein Baustil ist der Halle des Himmlischen Friedens der Verbotenen Stadt in Peking nachempfunden. Damit steht es in scharfem Kontrast zur Kaufhausikone ION mit ihren organisch geformten Edelstahlfronten gegenüber. Beide zusammen bilden das Eingangstor zur Orchard Road.

Man kann es sich heute kaum noch vorstellen. Aber als der spätere Kaufhauskönig C.K. Tang 1958 sein Grundstück hier kaufte, bewies er visionäre Kraft: Denn damals lag die Orchard Road noch abseits des Stadtzentrums – das Leben spielte sich im Kolonialviertel ab. Tang sah voraus, dass sie eines Tages zum Mittelpunkt der wachsenden Metropole würde.

Ein Visionär war er schon immer. Als er 1923 aus China gekommen war, hatte er nicht mehr als zwei Truhen mit bestickten Tisch- und Betttüchern als Handelsware bei sich. Mit ihnen zog er von Tür zu Tür der wohlhabenden Kolonialherren in Tanglin und Bukit Timah.

Sein Credo ist bis heute die Philosophie des Kaufhauses: Ehrlichkeit, Integrität und ein gutes Preis-Leistungs-Verhältnis. Damit blühte Tangs Geschäft. Indem er sein Haus an der Orchard Road baute, erreichte er seine alten Kunden, die aus dem Westen der Stadt über diese Achse ins Zentrum fuhren. 1975 wurde das alte Kaufhaus abgerissen und der heutige Tang-Komplex gebaut. Die stadtbekannten grünen Dächer und roten Säulen blieben als Wahrzeichen erhalten.

Bekannt aber wurde das Kaufhaus auch dank des Glaubens seines Gründers: C. K. Tang ist Christ. Und verleugnet es nicht. Bis 1994 blieb sein Haus an Sonntagen geschlossen.

Adresse 310 Orchard Road, Singapur 238864 (Zentrum) | **ÖPNV** MRT NS 22 Orchard | **Öffnungszeiten** Mo–Sa 10.30–21.30 Uhr, So 11–20.30 Uhr | **Tipp** Im Far East Plaza nebenan sitzt man im kleinen Restaurant Nanbantei (#05-132) so gedrängt wie in Japan und isst gebratene Köstlichkeiten vom Holzkohlengrill.

34 __ Die Harmony in Diversity Gallery
Reine Glaubenssache

Niemand verirrt sich hierher – man muss genau wissen, wohin man will. Im vierten Stock des nüchternen Ministeriums für Nationale Entwicklung liegt das Museum der Singapurer Glaubensvielfalt und -eintracht. Im Stadtstaat ist es nicht verwunderlich, dass solch ein Museum in einem Ministerium liegt. Denn die Glaubensvielfalt und besonders die Eintracht der Religionen ist Grundlage des Zusammenlebens und des Wohlstands in Singapur und damit auch Staatsangelegenheit.

Bunt und multimedial geht es in den vier Ausstellungsräumen zu. Will man Singapurer für ein Thema interessieren, muss es möglichst klar definiert, interaktiv und gut präsentiert werden. Das ist hier gelungen. Überraschend ist schon die Anzahl: Zehn Religionen, vom Bahaitum über Buddhismus, Christentum, Hinduismus, Judentum und Taoismus bis zum Zoroastrismus, werden kurz mit ihren Grundaussagen und einigen typischen Exponaten dargestellt.

Im nächsten Raum wird es richtig spannend: Denn hier beschreiben die Ausstellungsmacher religiös begründete, gewalttätige Ausschreitungen in Singapur. Dann schlagen sie den Bogen zum Raum, in dem die friedliche Koexistenz der Religionen in dieser Stadt gezeigt wird: den Loyang-Tua-Pek-Kong-Tempel, in dem einträchtig Buddhisten, Hindus, Taoisten und Muslime beten. Oder die Hawker Centres, in denen immer die Küchen der drei großen Ethnien – Chinesen, Malayen und Inder – vertreten sein müssen. Wer miteinander isst, der kämpft nicht gegeneinander. Oder die staatlichen Wohnblocks, wo alle Ethnien Singapurs prozentual vertreten sind, damit kein Ghetto entsteht.

Das kleine Museum fordert Respekt anderen Religionen gegenüber, der Frieden und Wohlstand sichert. Wer aus Europa kommt, gerät hier ins Nachdenken. Denn für manches brandheiße Thema bietet dieses versteckte Museum Lösungen an.

Adresse 7 Maxwell Road, MND Building Annex B #04-05/06, Singapur 069111 (Chinatown) | **ÖPNV** MRT EW 16 /NE 3 Outram Park | **Öffnungszeiten** Mo–Sa 10–17 Uhr | **Tipp** Im Chinatown Visitor Centre in der 2 Banda Street kann man ungewöhnliche Touren durch Chinatown buchen (www.chinatown.sg).

35 Harry's Bar
Von Spekulanten und Säufern

So will man nun auch nicht berühmt werden. Nick Leeson heißt der Mann, der den ersten großen Skandal der Finanzwelt auslöste. Er arbeitete bei der Barings Bank in Singapur. Und manchmal trank er in Harry's Bar am Boat Quay. Das hat die Bar bekannt gemacht. Und dies, obwohl Leeson selber erklärt, öfter bei Big Ben, damals am anderen Ende des Boat Quay gelegen, eingekehrt zu sein – die Manager von Harry's wissen eben, wie man die Geschichte des gescheiterten Bankers zu Geld macht.

Doch der Reihe nach. Wir schreiben Februar 1995. Der britische Aktienhändler Nick Leeson von der Barings Bank hat in den vergangenen Monaten schon mehr als eine Milliarde Dollar Verlust angehäuft, aber noch scheint das niemandem aufgefallen zu sein. Am Morgen des 23. aber kommen weitere 50 Millionen hinzu, als er auf den japanischen Nikkei-Index wettet und der in den Keller rauscht. Leeson flieht mit seiner Frau, wird später in Frankfurt festgenommen und an Singapur ausgeliefert. Sechs Jahre Haft im Stadtstaat folgen.

Leeson galt als Star-Trader, war aber kein einfacher Zeitgenosse: Aus dem altehrwürdigen Cricket-Club wurde er rausgeworfen, nachdem er eine rassistische Bemerkung hatte fallen lassen. Und seine erste Nacht in Polizeigewahrsam verbrachte er nach einem alkoholisierten Streit in einer Kneipe.

Im Bankenviertel Singapurs erinnert nichts mehr an die einstige britische Traditionsbank, die ihrem eigenen Händler zum Opfer fiel. Harry's Bar aber spielt mit der Erinnerung: Zu Nicks Entlassung aus der Haft wurde hier eine Party gefeiert, die den schönen Titel »Fight of Freedom« trug. Unter den Türmen der großen Singapurer Finanzpaläste gelegen, treffen sich bei Harry's immer noch Händler nach Schichtende. Seit Leesons Abschied können sie auch den Drink »Bank Breaker« zu sich nehmen. Midori, Whiskey und Soda sorgen für einen etwas harten Abgang.

Harry's Cupcakes

Bank Breaker
A deceptively sweet but potent shot of muskmelon liqueur, whisky and soda water.

Shot | $10.00 Tray of 6 | $50.00

...ikaze
...refreshing shooter of vodka and ...ntreau flavoured with sweet and sour ...or a pleasant sweetness.

Shot | $10.00 Tray of 6 | $50.00

Jägerbomb
Get pumped with this tasty sweet shot jägermeister and red bull. Best enjoy... a tray of 6 shooters.

Shot | $10.00 Tray of 6

Adresse 28 Boat Quay, Singapur 049818 (Kolonialviertel) | **ÖPNV** MRT EW 14 / NS 26 Raffles Place | **Öffnungszeiten** So – Do 11.30 – 1 Uhr, Fr / Sa 11.30 – 2 Uhr | **Tipp** Kopfüber ins Vergnügen: In den G-Max Reverse Bungee gegenüber am Clarke Quay sollte man lieber auf nüchternen Magen einsteigen.

36 Das Haus von Tan Yeok Nee

Vom Glück in der Fremde

Könnte es nur erzählen. Die Geschichten um dieses Haus würden Bücher füllen. In seinen gut 125 Jahren war es ein Lagerhaus für das längst abgerissene Cockpit Hotel, es diente als Schule und Hauptquartier der Heilsarmee, ein Bahnbeamter wohnte und eine Wirtschaftshochschule aus Chicago lehrte hier. Heute beherbergt es eine Klinik für chinesische Medizin. Das blassgelb gestrichene Haus gilt als das einzige, das in Singapur noch den Baustil der Teochew-Chinesen aus dem Osten Kantons aufweist.

Sein Baumeister, Tan Yeok Nee, wollte am Handelsplatz Singapur ein Haus bauen, das genau so aussah wie seines in der festlandchinesischen Heimat. Den Ausgleich zwischen Yin und Yang sollte es verkörpern, die fünf Elemente Feuer, Wasser, Erde, Holz und Gold zeigen. Seine Heimat hatte Tan über Nacht verlassen müssen, nachdem er das Geld für das Begräbnis seiner Mutter am Spieltisch verzockt hatte. 1844 erreichte er Südostasien, um neu anzufangen. In Singapur verkaufte er zunächst Textilien am Hafen. Dank seiner Freundschaft mit dem Sohn Sultan Ibrahims wurde er im angrenzenden Johor bald mit dem Ehrentitel des Kang-Chu ausgestattet, was ihm spezielle Handelsrechte sicherte. Tans Karriere ging steil voran. Als sein Freund den Thron bestieg, verlieh er Tan den Titel des Major China von Johor und berief ihn in den Staatsrat. Längst handelte Tan mit Pfeffer, Alkohol und Opium, besaß eigene Plantagen.

Als Tan 1875 als gemachter Mann ins benachbarte Singapur zurückkehrte, ließ er über dem Dachbalken seines neuen Hauses den Titel »Berater des Sultans« in chinesischen Schriftzeichen meißeln. Für die peinlich genaue, zwölf Millionen Singapur-Dollar teure Restaurierung des belebten Denkmals im Jahr 2000 flogen die Architekten Teochew-Handwerker aus China ein – in Singapur fand sich niemand, der die Traditionen noch hätte ins Werk setzen können.

Adresse 101 Penang Road, Singapur 238466 (Zentrum) | **ÖPNV** MRT NS 24 / NE 6 / CC 1 Dhoby Ghaut | **Öffnungszeiten** nur von außen zu besichtigen | **Tipp** Der Sri Thendayuthapani Temple (Chettiar's Temple) in der Tank Road ist einer der wichtigsten Hindutempel der Stadt und Zielort der Thaipusam-Prozession.

37 _ Die heißen Quellen
Nichts für Warmduscher

Sich treiben lassen in heißem Wasser. Planschen unter dem Tropenhimmel. Die Sterne zählen, während man auf sanften Wellen liegt: Asien – das ist die Region der Spas. Nur nicht in Singapur. Sicher, hier gibt es sie – und sie sind teuer. Doch hat der Staat, der sonst jede Quelle zum Geldmachen auftut, fast übersehen, welchen Schatz er in Sembawang besitzt.

Schwer erreichbar am Rande der Stadt, dümpeln Singapurs heiße Quellen vor sich hin. Durch militärisches Sperrgebiert führt ein betonierter Weg, abgegrenzt durch Maschendrahtzäune. Gerade wollte man schon umkehren – dann kommt man doch noch zur Quelle. Aus einem verrosteten Hydranten, der auf einer angejahrten Betonplatte verankert ist, kommt das 70 Grad heiße Wasser. Ein paar abgenutzte Plastikstühle stehen daneben am Zaun, für die wenigen Einheimischen, die sich hier waschen und mitgebrachte Plastikkanister mit dem wertvollen Nass auffüllen.

Das Wasser soll heilende Wirkung haben, so glauben viele hier. Tatsächlich hat es einen hohen Chlor- und Schwefelgehalt, das kann die Nase des Besuchers einwandfrei bestätigen.

Entdeckt hatte die heißen Quellen 1909 ein chinesischer Kaufmann im Kampong Ayer Panas, dem Heißwasserdorf. Er füllte das Wasser ab und verkaufte es, in den 20er Jahren übernahm ein Getränkehersteller das heute längst eingestellte Geschäft. Einzig die japanischen Besatzer im Zweiten Weltkrieg erkannten den Schatz: Heiß zu baden ist den geradezu badesüchtigen Japanern ein Lebensgefühl. Deshalb bauten sie hier Badehäuser, die aber heute restlos verschwunden sind.

Nach Jahrzehnten der Diskussionen gibt es jetzt Ideen, den flüssigen Schatz zu vermarkten. Vielleicht wird ja ein National Hot Spring Park eröffnet. Es gibt aber auch Stimmen, die Quelle einfach so rustikal zu belassen – mit Hydrant, Betonplatte und Plastikstühlen. Geht doch auch so.

Adresse Gambas Avenue, Singapur 737753 (Sembawang) | **ÖPNV** MRT NS 11 Sembawang, dann Bus 859 bis Block 114 Sembawang Road, dann zehn Minuten zu Fuß | **Öffnungszeiten** täglich 7–19 Uhr | **Tipp** Das White Restaurant (22 Jalan Tampang), früher Sembawang White Beehoon genannt, ist eine lokale Berühmtheit, zu der Gäste weite Wege in Kauf nehmen.

38 Die Helix Bridge
Die DNA der Brücke

Venedig ist die Stadt der Kanäle, Singapur diejenige der Brücken. Der Fußgängerbrücken, um genau zu sein. 560 soll die Stadt zählen, aber so ganz genau weiß das niemand. Da viele von ihnen überdacht sind, dienen sie auch dazu, die Menschen in der Tropenstadt vor Sonne und Regen zu schützen. Sie sind ein willkommenes Geschenk der Regierung an ihre Wähler. Denn wer künftig trockenen Fußes von der Bushaltestelle auf die andere Seite der Straße wechseln will, macht sein Kreuz besser an der richtigen Stelle.

Die Stadt gleicht einem Museum für Fußgängerbrücken: Alles fing im Jahr der Unabhängigkeit mit einer Stahl- und Holzkonstruktion über die Hafenstraße Collyer Quay an. Heute ist daraus längst ein Bauwerk geworden, in dessen Mitte Schmuckläden und Boutiquen siedeln. Die längste Fußgängerbrücke über eine Straße misst 145 Meter, die schmalste ist eher ein Steig. Die Brücke in Ang Mo Kio haben die Architekten von Mak Ng & Associates in Form von Containern gebaut, mit eingeschnittenen Fenstern. Und die älteste steht seit 1967 unverändert an der Serangoon Road. Inzwischen gelten für die Brücken genaue Vorschriften: von der Art der LED-Beleuchtung über den Beton bis zum Stahl für ihre Geländer. Er ist von derselben Qualität, die auch für die Außenstruktur der Petronas Towers in Malaysias Hauptstadt Kuala Lumpur genutzt wurde.

Die auffälligste der Fußgängerbrücken überspannt das Ende der Marina Bay. Die Helix, gestaltet von australischen und Singapurer Architekten, hat vier Aussichtsplattformen. 2010 eröffnet, lässt sie die Fußgänger aber nicht nur wandeln, sondern will sie auch bilden. Denn gebaut ist sie nach der Doppelhelix, und nachts strahlen die Buchstaben »C«, »G«, »A« und »T« rot und grün auf, um auf Cytosin, Guanin, Adenin und Thymin, die vier Basen der DNA, zu verweisen; ein Alptraum all jener Schüler, die sich mit Biologie herumplagen.

Adresse Fußgängerbrücke über die Marina Bay zwischen Marina Centre und Marina South, Singapur 049213 (Marina Bay) | **ÖPNV** MRT DT 4 / CC 15 Promenade | **Öffnungszeiten** immer zugänglich | **Tipp** Im Food Court Makansutra Gluttons Bay neben der Esplanade sitzt man mit einem phantastischen Blick auf die Bay.

39 Helmut Newtons Hotelsuite

Das muntere Liebesleben des großen Fotografen

Wir kennen den Mann als großen Fotografen großer – meist nackter – Frauen. Doch auch die Großen fangen ganz klein an. Helmut Neustädter aus Berlin-Schöneberg erging das nicht anders. Aus seiner behüteten Welt musste der junge Jude 1938 fliehen. Kurz vor Weihnachten legte die »Conte Rosso« im Hafen Singapurs an, und es war, »als hätte einem jemand ein siedend heißes, nasses Handtuch übers Gesicht geworfen«, schreibt er über die unerträgliche Tropenhitze in seinen Erinnerungen – da schon längst weltbekannt als Helmut Newton.

Der Anfang war schwer. »Ich hatte keine Arbeit, ich ernährte mich praktisch von Abfällen, ich sah die Schiffe, die aus Europa kamen und nach Europa ausliefen, und ich weinte mir die Augen aus.« Unterkriegen aber ließ sich der Achtzehnjährige nicht. Ihm halfen, glaubt man seiner Autobiografie, Frauen, die ihn mit Liebe, Sex und Geld überhäuften.

Der junge Neustädter ergatterte eine Stelle als Fotograf bei der »Straits Times«. Weil er sich aber eigenen Angaben zufolge dermaßen dumm anstellte, dass er »überhaupt keine Bilder auf dem Film« hatte, wurde er nach zwei Wochen entlassen. Und wieder half ihm ein weibliches Wesen aus der Patsche – diesmal kam sie direkt aus der Singapurer Oberschicht. Josette Fabien sprach fließend Englisch, Französisch und Malaiisch, hatte rot lackierte Fingernägel und besaß eine gut gehende Firma für Werbemittel. Vor allem aber wohnte sie im Raffles Hotel. Dort hatte sie auch ihr Büro. Neustädter wäre nicht Newton, hätte es lange gedauert, bis die beiden unter dem »schneeweißen Moskitonetz« in einer Suite des Raffles ein Liebespaar wurden.

Als der staatenlose Fotograf 1940 die Insel verließ, hatte er weitere amouröse Abenteuer und den Aufbau eines eigenen Ateliers bewältigt. Dann schiffte er sich gen Australien ein. Und rief Singapur nach: »Eine erstklassige Stadt für zweitklassige Leute.«

Adresse Raffles Hotel, 1 Beach Road, Singapur 189673 (Kolonialviertel) | **ÖPNV** MRT NS 25 / EW 13 City Hall | **Öffnungszeiten** nach der Komplettrenovierung werden das Hotel und die Hotelarkaden in der zweiten Jahreshälfte 2018 wiedereröffnet | **Tipp** Norman Fosters neuestes Architekturprojekt ist der South-Beach-Komplex gegenüber dem Raffles, ein Spannungsfeld von restaurierten Kolonialbauten und ultramodernen Wolkenkratzern.

40 Die Hochhäuser »Duo«
Tausendundeine Nacht

Dieser Mann gießt Märchen in Beton. Und Singapur mag sie. Deshalb hat der deutsche Stararchitekt Ole Scheeren schon zwei riesige Wohn- und Geschäftshäuser in Singapur gebaut. Viele seiner Kollegen haben ihre Spuren in der Stadt hinterlassen: die verstorbene Zaha Hadid, Daniel Libeskind, Christoph Ingenhoven und natürlich Sir Norman Foster.

Denn Singapur hat um die Jahrtausendwende erkannt, dass es für den Aufstieg zur Weltmetropole mehr braucht als niedrige Steuersätze und gute Krankenhäuser. Gebaute Statements mussten her. Häuser, bei denen der Betrachter den Kopf in den Nacken legt, deren Fotos auf Facebook um die Welt wandern.

Gelungen ist das besonders einem: Mosche Safdie schuf das Marina Bay Sands, dessen Dachpool als der meistfotografierte der Welt gilt. Doch hat die Stadt weit mehr Architekturikonen zu bieten. Foster krönte das Höchste Gericht mit einer seiner Kuppeln, wie zuvor schon das Reichstagsgebäude in Berlin. Dann folgte South Beach, im Herzen der Stadt gegenüber dem Raffles Hotel. Hadid stellte in eines der besten Wohnviertel der Stadt drei Türme, die zunächst schwer verkäuflich waren, weil die Singapurer sie als zu teuer empfanden. Und Libeskind schuf mit seinen Reflections an der Keppel Bay ein poetisches Ensemble, das sich wie Gras im Seewind zu wiegen scheint.

Scheeren aber ist der beste Geschichtenerzähler: Der Mann aus Karlsruhe hat nahe dem Hafen einen Haufen Container aufgetürmt – der Wohnkomplex The Interlace erscheint, als habe ein Riesenkind Lego gespielt. Dafür wurde es World Building of the Year 2015. Baute Scheeren hier noch gemeinsam mit dem Büro seines früheren Arbeitgebers Rem Kohlhaas, stellte er mit »Duo« an der Grenze zum arabischen Viertel sein eigenes Werk vor: zwei Türme, die besonders nachts wie aus 1001 Nacht sanft strahlen. Kein Wunder: Finanziert haben das »Duo« Singapurs Staatsfonds Temasek und der malaysische Staatsfonds Khazanah.

Adresse Fraser Street, Singapur 189352 (Bugis) | **ÖPNV** EW 12/DT 14 Bugis | **Öffnungszeiten** 10–21 Uhr | **Tipp** Souvenirs mal ganz anders: Supermama (265 Beach Road) bietet neben seiner Singapore-Icon-Serie aus Porzellan viele weitere handverlesene Produkte japanischer und Singapurer Künstler.

41 Die Hotel-Wächter
Kampf um die Gäste

Vor dem weltberühmten Raffles Hotel steht ein indischer Sikh als Doorman, der nicht nur den Autos ihren Stellplatz zuweist, sondern vor allem als Fotomotiv für die vielen Touristen herhalten muss. Vor dem Hilton Hotel an der Orchard Road stehen zwei andere Gesellen: Finster schauen sie drein, überlebensgroß und dunkel. Es sind zwei chinesische Generäle aus grauer Vorzeit. Sie bewachen den Schlaf der Gäste.

Wei Chi Jing De und Qin Sho Bao sind für Chinesen die beiden besten Wächter von Eingängen und Toren. Im wirklichen Leben dienten die beiden dem schrecklichen Kaiser Tang Tai Zong. Er konnte keinen Schlaf finden – was kein Wunder ist, sicherte er seine Herrschaft doch mit dem Abschlachten seiner Gegner. Also fragte er seine beiden hohen Krieger um Rat. Die versprachen ihm, höchstselbst als Wachen am Tor zu seinem Palast alle unerwünschten Eindringlinge und bösen Geister abzuwehren. Von da an schlummerte der Kaiser jede Nacht wie in Abrahams Schoß.

Das muss die amerikanische Hotelkette auch ihren Gästen gewünscht haben, als sie die beiden Tonfiguren 1975 in Auftrag gab. Die chinesische Töpferfamilie Aw nahm den Auftrag für die 2,7 Meter hohen Wachleute mit ihren Waffen und der Rüstung überaus ernst. Die Töpfer mussten zunächst einen eigenen Ofen bauen, dessen Einlass groß genug war, um die bärtigen Gesellen in einem Stück zu brennen. Acht Arbeiter brauchten ein halbes Jahr, allein um deren Formen zu schaffen. Am Ende soll es ein Weltrekord gewesen sein: Nie seien größere Figuren gebrannt worden als die beiden grimmigen Krieger – was man getrost bezweifeln darf. In den ersten Jahren standen die beiden Kämpfer in der Lobby des Hilton. Dort aber verschreckten sie die Gäste wohl dermaßen, dass sie 1981 nach draußen, in die Blumenrabatten auf die Orchard Road, weichen mussten. Dort stehen sie nun und schwingen Schwerter und Peitschen gen Autoverkehr, zwischen ihnen eine Eisbude von Häagen-Dazs. Die Gäste betreten das Hilton in ihrem Rücken …

Adresse 581 Orchard Road, Singapur 238883 (Zentrum) | **ÖPNV** MRT NS 22 Orchard | **Tipp** An der Orchard Road auf Bierbänken unter Birken sitzen? Ihr Glück machten ein paar Deutsche mit ihrem Burgergrill »Hans im Glück«.

42 — Die Ice-Cream Uncles

Süßes essen, Gutes tun!

Seltsame, vollgepackte Gefährte kreisen morgens und abends im Stadtverkehr. Ob Fahrrad oder Motorrad, immer sind sie mit bunten Wall's- oder Magnolia-Kisten hinten und vorn rund um den Fahrer bepackt, an der Seite ein sorgsam festgezurrter, zusammengefalteter Sonnenschirm.

Die Eisverkäufer sind unterwegs. Sie sind die letzten Vertreter der Zunft der Straßenhändler, die früher überall in Singapur ihr Essen anboten. Alle fahrbaren Garküchen sind seit Langem in die Hawker Centres oder Food Courts verbannt. Die Eisverkäufer aber blieben. Dementsprechend emotional werden sie von den Singapurern liebevoll »Ice-Cream Uncles« genannt, eine süße Erinnerung an die Kindheit.

Wenn sie auf der Orchard Road am Gehweg halten, ihre Gefährte aufbocken und ihre bunten Schirme aufspannen, dann sind sie bald von einer Menschentraube umringt. Sie verkaufen ein für Singapur typisches Eis: ein mindestens daumendicker Block Eis wird zwischen zwei rechteckige Waffeln oder, noch beliebter, zwischen zwei vielfarbige, wabbelige Brotscheiben gezwängt. Dann mit einem Papier eingeschlagen und aus der Hand gegessen – köstlich. Wer den »Happen«, den Klassiker von Langnese, noch kennt, weiß, was gemeint ist.

Nur die angebotenen Geschmacksvariationen sind doch sehr eigen: Zwar verkaufen die Ice Uncles auch Schokolade, Vanille und Himbeere. Doch gibt es in Singapur daneben Durian und Mais, Pfefferminze und Kokosnuss.

Die Uncles sind meist ältere Männer, viele längst im Rentenalter. Sie bessern mit dieser relativ angenehmen Arbeit ihr Einkommen auf. Genau wie viele der alten Taxifahrer, die angestrengt über das Lenkrad blinzeln. Oder die Papiersammler, die ihre Transportkarren durch die Straßen Chinatowns oder Tiong Bahrus schieben. Singapur bietet zwar allen eine staatlich geförderte Wohnung, aber für den täglichen Bedarf reicht es bei vielen Alten kaum. Also: Ganz viel Eis essen!

Adresse vor dem Kaufhauskomplex Takashimaya an der Ecke Orchard Road/Bideford Road, Singapur 238873 (Zentrum) | **ÖPNV** MRT NS 22 Orchard | **Tipp** In der Japan Food Town im vierten Stock des Kaufhauses Wisma Atria finden sich zahlreiche Restaurants mit allen Essensvarianten von Sushi bis Yakitori.

43 _ Der Indian National Army Marker
Die vergessene Armee

Die 40er Jahre des vergangenen Jahrhunderts waren wilde Jahre für die Stadt. Die Japaner hielten Singapur in ihrem brutalen Griff. Für die indische Befreiungsbewegung wurde die Stadt zum Ausgangspunkt ihres Kampfes gegen die britischen Kolonialherren in ihrer Heimat.

Netaji Subhas Chandra Bose, Vorsitzender des indischen Nationalkongresses und Anführer der Unabhängigkeitsbewegung, wollte, anders als seine Parteikollegen Mahatma Gandhi und Jawaharlal Nehru, Waffen einsetzen, um die Briten aus Indien zu vertreiben. Er suchte die Nähe zu den Nazis in Berlin, deren Rassengesetze der Inder indes ablehnte. Ende Oktober 1943 rief Bose im überfüllten Cathay-Kino Singapurs die Provisorische Regierung des Freien Indien aus. Er baute die indische Nationalarmee auf, unterstützt mit hohen Summen von Auslandsindern in Südostasien, und rekrutierte junge Kämpfer. Die Hymne des Literatur-Nobelpreisträgers Rabindranath Tagore, »Jana Gana Mana«, heute die Nationalhymne Indiens, wurde zum Kampflied der Bose-Truppe, »Glaube«, »Einheit« und »Opfer« ihre Schlagworte. Diese ließ Bose in ein Denkmal meißeln, das er im Sommer 1945 nahe der heutigen Konzerthalle Esplanade einweihte. Auf Anordnung Lord Mountbattens, der die Rückkehr der Briten nach Singapur anführte, wurde es sofort nach dem Krieg abgerissen. Boses Plan, die Briten in Indien von Osten aus, über Burma, anzugreifen, war mit der Niederlage der Japaner gescheitert.

Im August 1945 wollte Bose von Singapur nach Tokio fliegen. Dort kam er nie an. Um seinen Tod ranken sich Gerüchte, die von einem Absturz bis zum Dahinsiechen in einem sibirischen Straflager reichen. Verschwunden ist auch sein Juwelenschatz im Wert von mehr als vier Millionen Dollar. 1995, ein halbes Jahrhundert nach Kriegsende, weihte Singapur elf Kriegsmahnmale ein. Eines davon steht an der Stelle des früheren Denkmals der Bose-Truppe.

Adresse im Esplanade Park entlang des Connaught Drive, Singapur 179682 (Kolonialviertel) | **ÖPNV** MRT CC 3 Esplanade | **Tipp** Die Esplanade Theatres on the Bay (1 Esplanade Drive) sind ein ungewöhnliches Kulturhaus: Auch abseits der Vorstellungen schlendern die Menschen hier gern. Die Architektur des Hauses erinnert an die Nationalfrucht Durian.

44_ Der Indian Rubber Tree
Ein sanfter Riese

Er ist ein Hüne. Breitschultrig, mächtig, nimmt er sich den Platz, den er braucht. Und er hat eine Geschichte zu erzählen. Nicht nur, weil er schon mehr als 60 Jahre alt ist.

Grundlage des Wohlstands der Insel waren ihre Plantagen, die Mitte des 19. Jahrhunderts von den tatkräftigen Briten mit ihren Arbeitern im Dschungel oberhalb der heutigen Orchard Road angelegt wurden. Schon in den frühen Tagen begannen die Kolonialherren mit Gummi zu handeln. Der Indische Gummibaum wuchs im Dschungel des südlichen Asiens und wurde nun kultiviert. Seinen Saft kochten die Arbeiter von Malaya bis Ceylon zu Gutta Rambong, einem rot-braunen, kautschukähnlichen Stoff.

Das Ende des Baumes drohte, als Singapur mit dem Anbau des Para Rubber Tree aus dem Amazonas-Gebiet begann. Ihn ließ der damalige Direktor des Botanischen Gartens, Sir Henry Nicholas Ridley, kultivieren. Denn der Latex des neuen Baumes galt als hochwertiger. Vor allem aber konnte er schon nach sechs Jahren geschnitten und gemolken werden. Beim Indischen Gummibaum gilt es, mindestens 15 Jahre zu warten.

So hatten die hohen Bäume bald ausgedient. Doch ohne die Indischen Gummibäume wäre die Stadt vielleicht nie die geworden, die sie ist. Deshalb sind der Baum am Nationalmuseum und seine Artgenossen in der Tropenmetropole heute auch geschützt.

Sowieso ist der langsamer wachsende Riese der schönere: Gut 30 Meter Höhe kann er erreichen, und seine Luftwurzeln bilden dann ein undurchdringliches Geflecht, das zurück in den Boden strebt. Beim Baum vor dem Museum überwuchern sie sogar einen alten weißen Eisenzaun, der das Gelände einst abgrenzte. Schon auf Fotos aus der Mitte der 1950er Jahre steht er an dieser Stelle. Und weil er so lange und groß und frei wächst, ist der Indische Gummibaum vor dem Museum auch Teil eines Baum-Weges, den die Behörden quer durch die Altstadt ausweisen.

Adresse neben dem National Museum of Singapore, 93 Stamford Road, Singapur 178897 (Kolonialviertel) | **ÖPNV** MRT CC 2 Bras Basah | **Tipp** Das National Museum hat eine klassische Fassade, ist innen aber sehr modern, genau wie die hervorragenden Ausstellungen, nicht nur zur Nationalgeschichte.

45_Die Istana Kampong Glam

Die lukrative Intelligenz des Orang-Utans

Sie ist ein schmucker Palast und ein schönes Museum. Doch die Istana Kampong Glam ist noch viel mehr: Genau betrachtet ist sie der Kern der Stadt. Ohne Kampong Glam hätte es das moderne Singapur wohl nicht gegeben. Und wie die Stadt, so blickt auch der Palast auf eine wechselvolle Geschichte zurück.

Zunächst lebte an dieser Stelle Sultan Hussein Shah, dessen Familie das Eiland führte. Die Briten handelten es ihm am 6. Februar 1819 für eine jährliche Apanage ab, die im 20. Jahrhundert auf 250.000 Dollar für die Nachkommen begrenzt wurde. Hussein wird als äußerst unsympathischer Zeitgenosse geschildert. Ein Europäer skizzierte ihn als Fettwanst, der nicht einmal die »Intelligenz eines Orang-Utans« besäße.

Während der Sultan zunächst in einem Holzhaus auf Stelzen lebte, ließ sein Sohn Mohammed Ali 1843 das heutige Steinhaus errichten, eine Mischung europäischen Kolonialstils und malaiischer Tradition. Angeblich hat es der britische Architekt Coleman entworfen. Wissenschaftler glauben, dass das gesamte Viertel einschließlich der großen Moschee mit ihrer goldenen Kuppel nach den Regeln eines uralten Mandala buddhistischer Tradition ausgelegt wurde. Die Briten störten sich daran nicht: Auch um die Macht der Sultane einzuschränken, schlugen sie Straßenschneisen durch das Viertel. 1999 wurden die letzten auf dem Gelände lebenden Familien gegen eine Entschädigung umgesiedelt, 2005 entschied die Regierung, den Palast in ein Zentrum für das malaiische Kulturerbe umzuwandeln.

Und die Erben Sultan Husseins? Einige haben gegen die neue Nutzung »ihres Palastes« protestiert. Geholfen hat es nichts. Noch ein paar Jahre teilen sie sich die Ausschüttung des Staates. Doch wie einer der Söhne der siebten Generation erklärte: »Inzwischen sind wir längst normale Singapurer. Wir gehen zum Militär und arbeiten wie jeder andere. Und manche von uns leben sogar in geförderten Wohnungen.«

Adresse 85 Sultan Gate, Singapur 198501 (Kampong Glam) | **ÖPNV** MRT EW 12 / DT 14 Bugis | **Öffnungszeiten** Di – So 10 – 18 Uhr | **Tipp** An der Ecke North Bridge Road / Arab Street hockt unter einer der letzten ausfahrbaren Hausleitern ein alter Mann, der einen winzigen Laden mit täglichem Bedarf führt. So wie schon seit Generationen.

46 Jamal Kazura Aromatics
Tausendundein Duft

Frauen rund um die Erde lieben Parfüms. Besonders hilfreich sind sie bei steigenden Temperaturen. Während in den Kaufhäusern der Stadt alle großen Namen der internationalen Duftwelt vertreten sind, hat sich im muslimischen Viertel Singapurs ein ganz eigener Parfümsektor entwickelt. Ein paar Geschäfte haben sich hier auf Parfümöle spezialisiert, Düfte, komponiert ganz ohne Alkohol. Damit werden die Parfümeure im Klein-Arabien der Tropenmetropole ihren muslimischen Kunden gerecht.

Jamal Kazura Aromatics ist der schönste dieser Läden. Wer ihn betritt, wird von einer Symphonie der Düfte umweht. Im nächsten Moment sieht der Besucher die schier unendliche Anzahl verschiedenartigster, gefüllter und noch leerer Flakons in den Regalen entlang der Spiegelwände. Natürlich kann man hier fertige Duftkreationen kaufen, die Jamal Kazura und sein Sohn erschaffen haben. Der Bestseller ist »Raja Jasmin«. Natürlich gibt es auch alle populären internationalen Modeparfüms, nur eben als Parfümöl. Doch es kommt noch besser: Auf Wunsch mischen die Parfümeure von Jamal Kazura jedem Kunden auch sein ganz individuelles Duftöl.

Sie können wählen aus so verschiedenen Ölen wie Ingwer und Muskatnuss aus Indonesien, Geranie aus China, Jasmin aus Ägypten, Safran aus Spanien, Rose aus Bulgarien, Sandelholz aus Indien oder Weihrauch aus dem Jemen und Oman. Bis heute ist es für Jamal Kazura immer wieder spannend, welche Duftkomposition seine Kunden letztendlich wählen. »Ein Duft ist wie Musik, manche Menschen bevorzugen Rock, andere lieben Klassik oder Jazz«, sagt er.

Und dann fügt er an, dass heute leichtere Düfte gewählt werden, keine schweren mehr wie in früheren Zeiten. Sein Sohn baut dieses moderne, leichte Segment auf. Und auch für die ganz Jungen hat Kazura Junior etwas zu bieten: Düfte, die nach Essen riechen, wie Erdbeeren, Schokolade oder Eiscreme.

Adresse 728 North Bridge Rd, Singapur 198696 (Kampong Glam) | **ÖPNV** MRT EW 12/DT 14 Bugis | **Öffnungszeiten** täglich 9–18 Uhr | **Tipp** Die Bewohner des Viertels sitzen gern in der 21 Baghdad Street, denn hier wird noch der authentische Teh Tarik, der Tee mit Milch, ausgeschenkt.

47 Der Japanische Friedhof
Hoffnung für die verlorenen Seelen

An diesem Ort herrscht Schweigen. Nicht nur auf dem Friedhof selbst, sondern auch in seinem Umfeld. Denn hier liegen auch japanische Soldaten, die während der Besatzungszeit starben, und niemand will an den Gefühlen der älteren Generation der Singapurer rühren, die unter ihnen litt.

Der Friedhof hat eine einzigartige Geschichte. 1891 erhielten die drei Bordell-Besitzer Futaki Takajiro, Shibuya Ginji und Nakagawa Kikuzo die Genehmigung der Kolonialregierung, verstorbene Prostituierte beisetzen zu lassen. Sie wählten einen Winkel ihrer Gummiplantagen. Als Dank für ihre gute Tat stehen bis heute zwei große Gummibäume auf dem Gottesacker. In jenen Tagen kamen die meisten der Karayuki-san, der Huren der Hafenstadt, aus Japan. Sie liegen in rund der Hälfte der gut tausend Gräber.

Nach der Kapitulation 1944 wurden hier auch die Besatzungssoldaten, die Selbstmord begangen hatten oder aufgrund ihrer Verbrechen hingerichtet wurden, beigesetzt.

Im Friedhofspark finden sich aber auch die Gräber von Japanern, die zumindest in ihren Kreisen bekannt sind: Kantaro Ueyama, der bei einem Flugzeugabsturz in Sembawang ums Leben gekommene Sohn des Erfinders der Rauchspirale gegen Stechmücken. Oder Futabatei Shimei, er wird in den Lexika als Begründer des Realismus in der japanischen Literatur geführt. Als Zeitungskorrespondent war er auf dem Rückweg von Russland, als er 1909 in Singapur starb.

Die letzte Beisetzung fand 1973 statt. Seit 1969 gehört der Friedhof der Japanischen Vereinigung. Der Park ist wunderschön gepflegt, und das ist einer Völkerfreundschaft zu verdanken. Denn die Wacht über die Toten, über Opfer und Täter, führt ein Singapur-Chinese: Lim Geok Qi, der die Aufgabe von seinem Vater übernahm. Er kennt sie, die Geschichten der Armen und Verlorenen, der Mörder und derjenigen, die mit großen Ambitionen in die Fremde gingen, aber hier ihr Leben ließen.

Adresse 825B Chuan Hoe Avenue, Singapur 549853 (Hougang) | **ÖPNV** MRT NE 14 Hougang, dann mit Bus 116 oder 147 bis After Serangoon North Avenue 1, dann weiter fünf Minuten zu Fuß | **Öffnungszeiten** täglich 8–18.30 Uhr | **Tipp** Bei Just Anthony in seiner alten Villa mit Lagerhalle an der 379 Upper Paya Lebar Road kann man noch manches schöne asiatische Dekorations- oder Möbelstück finden.

48__Der Jurong Eco Garden
Die grüne Brücke

Diese Wissenschaftler haben es gut. Wer im Eco-Campus der Nanyang-Technologischen Hochschule an Verkehrskonzepten forscht oder sich über Energienetze den Kopf zerbricht, arbeitet an der Zukunft. Der Staat garantiert deshalb beste Bedingungen. Dazu gehört auch ein Park, der direkt hinter den Labors beginnt.

Der Jurong Eco Garden ist der unbekannteste Botanische Garten der Stadt. Denn er liegt weit draußen im Westen der Insel. Touristen kommen hier nicht hin. Was schade ist, denn der Park ist gleichermaßen fein wie wild. Überall stehen Schilder, die vor Keilern und Affen warnen. Ein Bächlein mäandert entlang des Weges und mündet in künstliche Seen. Die Grünanlagen messen fast fünf Hektar, sie wirken aufgeräumt, aber die Eingriffe in die Natur sind so gering wie eben nötig. So ist auf dem Ausguckhügel eine Rampe aus Kunststein gebaut, der aus Recycling-Material besteht. Es gibt eine Kompost-Ecke und eine Öko-Toilette. So schlägt das grüne Herz des Forschers höher, wenn er seine Mittagspause hier verbringt.

Am besten gelungen ist im Jurong Garden aber die Verbindung von Neu und Alt: Denn die Wege des Parks winden sich um die beiden betagten Drachenöfen Singapurs (siehe Ort 101). Der Thow Kwang Kiln und der Guan Huat Kiln mit ihren Wassertümpeln sind in das neu gestaltete Gelände eingegliedert. So verbindet der Park Singapurs Tradition der Töpfer mit ihren Brennöfen mit der Speerspitze der Wissenschaften, die der Stadt ihre Zukunft garantieren soll. Das spiegeln auch die Skulpturen wider, die im Park verteilt sind: Der Sculpted Maze ist im Thow-Kwang-Brennofen bei 1.280 Grad aus Ton gebrannt worden, der beim Ausschachten der Uni-Gebäude anfiel. Die Regentropfenplastik wurde aus Basaltbrocken gehauen, die gehoben wurden, um die Ölkavernen am Hafen zu bauen. So bildet die grüne Lunge eine Brücke zwischen gestern und morgen in einer Stadt, die so jung ist, dass sie immer noch um ihre eigene Historie kämpft.

Adresse 1 Cleantech Loop, Singapur 637141 (Jurong) | **ÖPNV** MRT EW 27 Boon Lay, dann Bus 199 bis Before Nanyang Avenue | **Öffnungszeiten** immer | **Tipp** Hinschauen lohnt: Vor dem Cleantech-Gebäude stehen die Testautos für Singapurs Forschungsprogramm zu selbstfahrenden Autos.

49 _ Der Jurong Fishery Port
Der frühe Vogel fängt den Fisch

Sie finden keinen Schlaf? Die besten Bars aber kennen Sie schon? Und die High Heels drücken sowieso? Dann nichts wie rein in die Flip-Flops. Und ab zum Fischmarkt.

Im Jurong Fishery Port, dem ältesten und größten Fischmarkt Singapurs, fängt das Treiben schon um Mitternacht an, zwischen drei und vier Uhr morgens ist am meisten los, um sechs Uhr früh sind dann alle Geschäfte gemacht, und der Markt schließt.

Hier ist der Fischhandel noch authentisch, denn hier landen die Boote ihren Fisch an, und die Einkäufer prüfen die Ware. Dies ist der Platz für die Großeinkäufer der Supermarktketten, die Fischhändler von den Wet Markets und die Restaurantköche. Man kann den Profis beim Handeln zusehen: Für sie ist der Markt Arbeitsplatz und kein Freizeitvergnügen. Klar, dass die fangfrische Ware hier rund 20 Prozent günstiger ist als auf den Märkten der Stadt.

Der Fisch, der meist in weißen Styroporboxen direkt von den Booten in die Markthalle geschleppt wird, ist so frisch, dass manche Fische noch zappeln. Wegen der Tropenhitze aber liegen die meisten auf Eis. Das schmilzt mit der Zeit. Und so wird die Halle im Laufe des frühen Morgens mit Schmelzwasser geflutet, und der Geruchspegel steigt. Hier gibt es keine Pfützen mehr, hier schwimmt der Boden. Und mittendrin steht man dann knöcheltief in Flip-Flops. Wagemutige aber werden belohnt mit dem Anblick der Meerestiere: Körbe voller Sotongs, Krabben, Tengirris, Haien, Pomfret- oder Parrotfischen und Muscheln, um nur einige zu nennen.

Wird es dann langsam Zeit für einen Kaffee, geht man in den angrenzenden Coffee Shop. Der bietet natürlich auch frittierten Fisch an – gleich nebenan gekauft. Seit Langem gibt es Pläne, am Markt Restaurants zu eröffnen. Dann wird es so wie beim Fishermen's Wharf in San Francisco oder dem Tsukiji Markt in Tokio. Besser also, Sie schlagen sich noch heute die Nacht um die Ohren …

Adresse 35 Fishery Port Road, Singapur 619742 (Jurong) | **ÖPNV** MRT EW 26 Lakeside, weiter mit dem Taxi | **Öffnungszeiten** Di–So 0.30–5.30 Uhr | **Tipp** Der Chinese und der Japanese Garden im Jurong Lake sind malerisch angelegt und bergen Bonsai-Schätze, Steinpagoden und Teehäuser.

50 Die Jurong Town Hall
Wem die Stunde schlägt …

Hier ist die Industrialisierung in Beton gegossen. Singapur, die kleine Insel, braucht Symbole, die ihr Wachstum begleiten und fördern. Das stärkste unter ihnen ist die Jurong Town Hall. Auf den ersten und auch auf den zweiten Blick erinnert das mächtige weiße Gebäude an »Raumschiff Enterprise«. Gelandet ist es auf einer Anhöhe inmitten von Jurong Town.

Die Vorstadt ist das Sinnbild des raschen Aufbaus des Stadtstaates. 1968 entstand die Jurong Town Corporation, kurz JTC. Bis heute ist sie verantwortlich für den Bau und Betrieb von Industrieanlagen in Singapur. Was sich langweilig anhört, ist das Fundament der Stadt. JTC betreibt Industriegelände, hat jüngst aber auch die mit modernster Technik ausgestatteten unterirdischen Öl-Kavernen angelegt.

Ein Jahr nach der Gründung von JTC suchte die Stadt nach einem angemessenen Sitz für ihre Entwicklungsgesellschaft. Damals war das heute hoch entwickelte Industrieland um Jurong eine Brache, am Meer siedelten Fisch- und Krabbenfarmen. Bis 1974 aber wuchs dort der kantige, nach innen gezogene Verwaltungsbau heran, eine Ikone der kommenden Entwicklung. Das modernistische Gebäude steht für Rationalität und Effizienz. Auf fünf Stockwerken umfasst es 27.000 Quadratmeter. Bis JTC im Jahr 2000 an einen neuen Sitz umzog, hatten zahlreiche Würdenträger dem Bau ihre Ehre erwiesen, auch um von Singapurs Entwicklung zu lernen. Sie pflanzten Bäume im Garten, wie Deng Xiaoping, der spätere Führer Chinas, und der einstige Generalsekretär der Vereinten Nationen, Kurt Waldheim.

Heute sitzen hier mehrere Wirtschaftskammern. Wie schon JTC in den Anfangstagen, sollen sie die Produktivität steigern. Da hilft es, schon vom ersten Tag an zu wissen, was die Stunde geschlagen hatte: Denn überragt wird der modernistische Bau, der heute unter Denkmalschutz steht, von Südostasiens damals höchstem Uhrturm.

Adresse 9 Jurong Town Hall Road, Singapur 609431 (Jurong) | **ÖPNV** MRT EW 24/ NS 1 Jurong East | **Öffnungszeiten** nur von außen zu besichtigen | **Tipp** Im Science Centre Singapore wird mit 850 Exponaten und acht Ausstellungen das Interesse an Wissenschaft und Technik spielerisch gefördert.

51 Das Kaffee-Alphabet

Erst buchstabieren, dann genießen

Wer einfach Kaffee trinken will, geht zu Starbucks. In Singapur aber wäre das ein Fehler – denn viel schöner ist es, sich in das lokale Kaffee-Alphabet einzuarbeiten und dem Kaffee-Kocher hinter der Theke zuzuschauen.

Eines der Cafés heißt Killiney Kopitiam. Wer hier einfach alt-englisch einen Coffee ordert, wird oft mit einer Tasse Nescafé abgespeist. Bestellt man einen Kopi, wird ein »richtiger« Kaffee, oft mit Kondensmilch, über die Theke gereicht. Allerdings kommt der für jene, die sonst in modernen Kaffeeketten ihr Koffein schlürfen, in eher homöopathischen Dosen: in einer kleinen Tasse, nur wenig größer als ein Mokkatässchen. Ganz ursprünglich geht es dann zu, wenn der Kopi aus den in Butter oder Margarine gerösteten Robusta-Bohnen gebraut und in dickwandigen Porzellantassen serviert wird.

Um einen Kopi zu bekommen, sollte man allerdings mit den Buchstaben jonglieren lernen: Ganz schwarz ist der Kopi O. Kopi C ist der gesüßte Kaffee mit Kondensmilch, verlangt man den Kopi C Kosong, so kommt er zwar mit Kondensmilch, jedoch ungesüßt. Weniger Zucker hat der Kopi C Siew Tai. Kopi Peng ist Kaffee, im tropischen Klima mit Eis heruntergekühlt. Die Krönung ist der Kopi C Peng, man ahnt es schon: geeist, mit Kondensmilch und Zucker – das höchste der Gefühle für den Kaffeeliebhaber am Äquator.

Wem jetzt von den ganzen Bezeichnungen schwindelig ist, dem wird der Kopf erst recht beim Blick auf die Zubereitung brummen: Der geröstete Kaffee zieht zunächst lange in einem Kaffeenetz in einer Blechkanne mit kochendem Wasser. Um ihm möglichst viel Luft beizufügen, gießt der Barista den heißen Kaffee in hohem Bogen aus der einen in eine zweite Kanne und dann in ebenso hohem Bogen zurück ins Netz. Mehrmals wiederholt, ist der Kaffee jetzt tief dunkelbraun. Zuletzt wird er dann schwungvoll in die Tassen gegossen und heißes Wasser zugegeben.

Adresse Killiney Kopitiam, 67 Killiney Road, Singapur 239525 (Zentrum) | **ÖPNV** MRT NS 23 Somerset | **Öffnungszeiten** Mo, Mi – Sa 6 – 23 Uhr, Di und So 6 – 18 Uhr | **Tipp** Am Robertson Quay 41 liegt das renommierte STPI, vormals Singapore Tyler Print Institute, das Workshops und Kunstausstellungen zum Thema Druck und Papier anbietet (www.stpi.com.sg).

52__Der Kaya bei Chin Mee Chin
Süße Erinnerungen

Besuch im letzten 50er-Jahre-Coffee-Shop Katongs an einem Sonntag: Kein Platz frei. Wie das?

An der Einrichtung kann es doch nicht liegen. In dem gekachelten, schmucklosen Raum des Shophouses stehen die runden Teaktische mit Marmorplatten rechts und links an der Wand entlang. Dazwischen Kühlschränke, die metallene Kuchenvitrine, und am Ende eine kleine Spüle. Praktisch. Und alles original so, wie es 1950 eingerichtet wurde, als Familie Tan hier ihr Geschäft eröffnete.

Sind es dann der Kopi und der Kaya-Toast? Dieses klassische Singapurer Frühstück besteht aus Kaya, einer Art Marmelade aus Kokosnussmilch, Eigelb und Zucker, gewürzt mit Pandanblättern. Er wird auf einen gebutterten Toast gestrichen. Das Brot wird hier noch selbst gebacken. Dazu gibt es ein Schälchen halb gekochter Eier, die mit dunkler Sojasoße durchgerührt werden. Und natürlich den selbst gerösteten Kaffee, Kopi genannt. Serviert in allen Singapurer Varianten (siehe Kapitel 51).

Oder liegt es an den mit Creme gefüllten Hörnchen, Puddingteilchen und Sahnekuchen, die in der Vitrine stehen und nur darauf warten, herausgenommen und verspeist zu werden?

Nichts von alledem ist es allein. Es ist die Kombination aus allem, die Erinnerung an die Kindheit, an Gerüche und Geschmack längst vergangener Tage erwachen lässt. Ein Stück Heimat und Identität inmitten einer niemals schlafenden Metropole. Zwischen all den neuen, angesagten, durchgestylten Designer-Cafés der Stadt.

Endlich! Ein Tisch wird frei. Zwischen einer Familie mit zwei kleinen Kindern und deren Großeltern und einem Tisch mit zwei Teenies. Gegenüber ein altes Ehepaar, das stumm seinen Kaffee schlürft. Mitten in Katong, dem Stadtteil an der East Coast, wo es eine gute Mischung aus Singapurern und Expats gibt.

Adresse Chin Mee Chin Confectionery, 204 East Coast Road, Singapur 428903 (Katong) | **ÖPNV** MRT CC 8 Dakota, dann mit Bus 10 die East Coast Road entlang bis Opposite The Holy Family Church | **Öffnungszeiten** Di – So 8.30 – 16 Uhr | **Tipp** Das Katong Antique House wird von dem Fachmann für Peranakan-Antiquitäten geführt, Peter Wee. Er bietet in dem Original-Shophouse auch Führungen an (Tel. +65/63458544).

53 Der Keramat Radin Mas Ayu

Am Grab der goldenen Prinzessin

Noch immer kommen Gläubige zu diesem Grab tief im Dschungel, um der »goldenen Prinzessin« zu huldigen. Sie war Mittelpunkt und Opfer eines Familiendramas, das sich schon vor der Gründung Singapurs im damaligen Sultanat ereignete. Bis heute wird sie dank ihres entschlossenen Handelns aus Liebe zu ihrem Vater verehrt.

Ihr Grab liegt am Fuße des Mount Faber im damaligen Dorf Telok Blangah, heute ein gleichnamiger Stadtteil Singapurs. Die Geschichte von Radin Mas Ayu ist die Geschichte großer Liebe. Zunächst die ihrer Eltern zueinander und dann die vom Vater zur Tochter.

Der Vater war ein weltoffener javanischer Prinz und mutiger Krieger. Er verliebte sich in eine Tänzerin. Aus Standesgründen lebten die beiden heimlich zusammen und bekamen eine wunderschöne Tochter – die goldene Prinzessin. Als der Vater des Prinzen davon erfuhr, ließ er das Haus der Familie anzünden. Die geliebte Frau starb, aber das Mädchen wurde von einem treuen Diener gerettet. Als den Prinzen diese Nachricht ereilte, brach er mit seiner Familie und zog mit Tochter und Diener nach Telok Blangah. Dort lebte er unerkannt. Doch kämpfte er so erfolgreich gegen Piraten, dass der Sultan auf ihn aufmerksam wurde und ihn erkannte. Er gab seine Tochter dem mutigen Krieger zur Frau, und sie bekamen einen Sohn.

So wäre alles zu einem guten Ende gekommen, wäre da nicht die Eifersucht der neuen Frau auf die Schönheit der Stieftochter und deren enges Verhältnis zum Vater gewesen. Sie wollte die Stieftochter gegen deren Willen mit ihrem Neffen verheiraten. Der entführte den Vater und drohte Radin Mas Ayu, ihn zu töten, würde sie ihn nicht heiraten.

Bei der Hochzeitszeremonie kam es zum Eklat: Das Komplott flog auf. Der Neffe wollte den Vater seiner widerspenstigen Braut mit dem Krummdolch ermorden. Doch Radin Mas Ayu warf sich dazwischen. Das Messer traf sie genau ins Herz.

Adresse 10 Mount Faber Road, Singapur 099199 (Telok Blangah) | **ÖPNV** MRT NE 1 / CC 29 HarbourFront | **Öffnungszeiten** täglich 9–18 Uhr | **Tipp** Sehr ungewöhnlich für Singapur ist das Old Habits in der 38 Telok Blangah Road: Die jungen Wirte betreiben ein Café mit Antiquitätenshop.

54 Die Kinderskulpturen
Das literarische Quartett

Da sitzen und liegen die vier im Schatten und lesen. Sehen kann man sie eigentlich kaum, denn sie befinden sich unter der Erde. Dort hat sich der riesige Neubau der Nationalbücherei im Kolonialviertel ein winziges Bambus-Gärtlein genehmigt. Es liegt im Untergeschoss, hinter einer Glaswand zum Saal mit der Buchrückgabe. Kein Schild, keine Plakette verweist auf den Garten. Von der Straße sieht ihn nur, wer sich über die Brüstung an der Middle Road beugt und in die Tiefe schaut.

Der Blick lohnt sich. Denn dort unten hat der Singapurer Bildhauer Chong Fah Cheong vier Bronze-Kinder platziert, die in ihre Bücher vertieft sind. Sie sitzen, sie liegen, sie lümmeln in Lebensgröße. Und wirken auf ihren weißen Marmorblöcken so echt, als hätte man gerade die Tür zum Kinderzimmer aufgestoßen. Das ist Chongs Stärke. An vielen anderen Ecken der Stadt durfte der Künstler, der sich die Bildhauerei selbst beigebracht hat, seine Werke platzieren, die meist an das alte, vergangene Singapur erinnern – am bekanntesten sind wohl die fünf Jungen, die an der Seite des Fullerton Hotels in den Singapore River springen. Die Bronzeskulptur heißt »First Generation«. Chong lebt heute in Kanada, wird aber in Singapur bewundert und ist hochdekoriert. Seine Lese-Kinder kennt jedoch kaum jemand.

Dabei ist das Lese-Quartett mindestens so ausdrucksstark wie die Wand, vor der die vier schmökern. Die nämlich ist aus 5.000 roten Ziegeln gemauert, mit einem Bambusgerüst davor. Sie stammen von der alten Bücherei an der Stamford Road. Eröffnet 1960, war sie den Singapurern ein Symbol für den Aufbau ihrer Stadt. Viele haben dem Staat bis heute nicht vergeben, dass er sie im Jahr 2000 hat abreißen lassen, um Platz für den Campus der Singapore Management University zu schaffen. Geblieben sind diese Ziegel. Davor die vier Kinder, die sich in ihre Bücher versunken eine eigene Welt erschaffen.

Adresse National Library, 100 Victoria St, Singapur 188064 (Bugis) | **ÖPNV** EW 12 / DT 14 Bugis | **Öffnungszeiten** täglich 10–21 Uhr | **Tipp** Der Kwan-Im-Thong-Hood-Cho-Tempel in der Waterloo Street ist ein schöner Ort des gelebten Buddhismus und immer voll mit Gläubigen.

55 Das Lee-Kuan-Yew-Haus
Kleines Haus mit großer Sprengkraft

Das für Singapurer Verhältnisse kleine Haus in der Oxley Road 38 liegt auf goldenem Boden, im Zentrum der Stadt. Glück aber hat es seinen Erben nicht gebracht. Denn an ihm entzündete sich ein Erbstreit, der seinesgleichen sucht. Er erschütterte die Stadt bis ins Mark.

Denn in dem Häuschen lebte Lee Kuan Yew mit seiner Familie, der legendäre und hochverehrte Gründervater des modernen Singapur. Sein Wunsch war es, dass das Haus nach seinem Tod abgerissen werde, um keinen Ort der Heldenverehrung zu schaffen. Doch es kam ganz anders.

Im Sommer 2017 eskalierte ein Streit unter seinen drei Erben, unter ihnen der amtierende Ministerpräsident des Stadtstaates, um die Zukunft des Hauses. Das Brisante daran: Er wurde in aller Schärfe via Facebook in der Öffentlichkeit ausgetragen. Erst beschämte das die Singapurer, dann entsetzte es sie. Zumal der jüngere Bruder dem älteren und amtierenden Regierungschef Vorwürfe machte, für die andere in Singapur bis in die Steinzeit und zurück verklagt worden wären. Ministerpräsident Lee Hsien Loong aber ließ Gnade vor Recht ergehen und erklärte, in chinesischen Familien verklage der ältere den jüngeren Bruder nicht. Der hatte längst seine Sachen gepackt und war samt Ehefrau nach Hongkong geflogen.

Am Ende wurde das kleine Haus in der Oxley Road zum Gegenstand einer ausführlichen Parlamentsdebatte. Manches deutet darauf hin, dass es zum nationalen Denkmal erklärt werden könnte – oder zumindest sein Wohnzimmer, in dem der alte Lee die Entwicklung halb Asiens kommentiert und manchmal wohl auch gelenkt hatte. In jedem anderen Land der Erde wäre das eine Entscheidung weniger Minuten. Singapur aber versucht, zurückhaltend zu bleiben, nicht über die Stränge zu schlagen, nicht zu viel Selbstbewusstsein an den Tag zu legen. Ganz der »little red dot« eben, als den es sich selber, entsprechend seiner Position auf der Landkarte, betrachtet.

Adresse 38 Oxley Road, Singapur 238629 (Zentrum) | **ÖPNV** MRT NS 24/NE 6/CC 1 Dhoby Ghaut | **Öffnungszeiten** nur von außen zu besichtigen | **Tipp** Nur fünfmal im Jahr ist die Istana, der Palast des Präsidenten mit umliegendem Park, für die Öffentlichkeit geöffnet: Zu den hohen Feiertagen Chinese New Year, Labour Day, Hari Raya Puasa, National Day und Deepavali. Hingehen!

56 Das Lim Bo Seng Memorial
Der Märtyrer

Die junge Stadt ist nicht reich an Helden. Einer von ihnen ist Lim Bo Seng. An ihn erinnert das einzige Denkmal, das Singapur dem Schicksal eines einzelnen Überlebenden des Zweiten Weltkrieges widmet. Die dreieinhalb Meter hohe, achteckige Pagode im Esplanade Park wurde am 29. Juni 1954 eingeweiht, exakt zehn Jahre nach dem Tod Lims. Die Singapurer spendeten gut 50.000 Singapur-Dollar für ihren Bau. Vier bronzene Löwen bewachen den Turm. Lims Witwe hatte den Architekten Ng Keng Siang beauftragt, ihn zu gestalten.

Die Pagode erinnert an einen überaus entschlossenen jungen Mann, der nur kurze Zeit in der Stadt leben durfte. Der Sohn eines mächtigen Ziegelfabrikanten – dessen Steine im Bau des heutigen Goodwood Park Hotels, des damaligen Club Teutonia, genutzt wurden – kam mit 16 Jahren aus Fujian nach Singapur. Lim war entsetzt vom Überfall der Japaner auf China, sammelte für den Widerstand und organisierte einen Streik in einem japanischen Stahlwerk in Malaysia. Zudem arbeitete er mit dem britischen Geheimdienst zusammen gegen die japanische Unterwanderung in Singapur.

Stunden vor dem Fall der Stadt 1942 entkam Lim dem sicheren Tod durch die Flucht nach China. Doch kehrte er Ende 1943 in einem U-Boot aus dem indischen Kalkutta mit Gleichgesinnten zurück auf die malaysische Peninsula, um die Japaner anzugreifen. Bevor die Untergrundkämpfer Singapur erreichten, fiel Lim ihnen aber in Ipoh in die Hände. Nach dreimonatiger Folter starb er mit 35 Jahren.

Nach der Befreiung wurden seine Überreste nach Singapur gebracht und am MacRitchie Reservoir mit einem Staatsbegräbnis beigesetzt. Briten und Singapurer verehrten ihn gleichermaßen. Seine beiden japanischen Peiniger wurden später im Gefängnis Changi gehängt. Die Inschrift auf Lims Pagode ist in den vier offiziellen Sprachen des Stadtstaates gefasst: Malay, Englisch, Mandarin und Tamil.

Adresse im Esplanade Park entlang des Connaught Drive, Singapur 179682 (Kolonialviertel) | **ÖPNV** MRT CC 3 Esplanade | **Öffnungszeiten** immer zugänglich | **Tipp** Im Fullerton Waterboat House (3 Fullerton Road) kann man teuer essen im »1919« oder »The Rooftop«, oder aber günstig bei Starbucks – der wunderbare Blick ist bei allen gleich.

57 _ Das MacDonald House
Haus der Geschichte

Singapur ist eine friedliche Stadt. Nicht ganz ohne regelnde Eingriffe der Regierung leben hier verschiedene Ethnien und Religionen zusammen. Das war nicht immer so. Das Auf und Ab der jüngeren Geschichte des Stadtstaates zeigt sich wie unter einem Brennglas im MacDonald House, gelegen gleich neben dem Regierungspalast Istana im Zentrum der Stadt.

Von außen wirkt der Backsteinbau wuchtig, aber nicht einschüchternd. Gebaut nach Kriegsende 1949, verkörperte er den Neuanfang. So wurde er als »Malayas erstes Bürogebäude, das voll klimatisiert ist«, gefeiert. Die Bürger staunten, weil neue Technik es erlaube, die Temperatur in jedem Raum individuell einzustellen. »Das System hat eine Kühlkapazität, die 170 Tonnen Eis täglich entspricht«, berichteten die Reporter. Das zehnstöckige MacDonald House wurde zum Vorreiter moderner Bautechnik in Singapur.

Wenige Jahre später aber sollte der damalige Firmensitz der Hongkong and Shanghai Banking Corporation (HSBC) ganz andere Schlagzeilen schreiben. Denn zwischen 1963 und 1966 sabotierte Indonesien den geplanten Zusammenschluss zwischen Singapur und Malaya zu Malaysia. Am 10. März 1965 zündeten zwei Attentäter eine Bombe im Zwischengeschoss des MacDonald House, drei Menschen verloren ihr Leben, und mehr als 30 wurden verletzt. Zwei indonesische Elitesoldaten wurden als Mörder gehängt. Damit war das Haus über Nacht zum Mahnmal der politischen Entwicklung Südostasiens und der Geburtswehen Singapurs geworden.

Der Stadtstaat überwand dies. Und das MacDonald House, übrigens benannt nach dem damaligen Generalgouverneur von Malaya, Malcolm John MacDonald, wurde zum Sitz der amerikanischen Citibank – und damit zum Symbol für den offenen Finanzplatz Singapur. Damit aber nicht genug: Denn heute gehört das MacDonald House einem ausländischen Investor. Und der kommt ausgerechnet aus: Indonesien. So schließen sich Kreise.

Adresse 40A Orchard Road, Singapur 238838 (Kolonialviertel) | **ÖPNV** MRT NS 24/ NE 6/CC 1 Dhoby Ghaut | **Öffnungszeiten** Mo–Fr ganztags | **Tipp** »Cups N Canvas« in der 139 Selegie Road serviert Kaffee und kleine Gerichte, aber auch Mal- und Baristakurse.

58 — Der Maids-Treff am ION
Theater auf den Stufen

Immer wieder sonntags verändert sich die Innenstadt. Nicht nur Singapurer drängen hierher, um zu shoppen oder essen zu gehen, oder am besten gleich beides. Ab dem Morgen drängen auch Heerscharen von Haushaltshelfern ins Zentrum, denn sonntags ist ihr freier Tag. Geschätzte 250.000 dieser Maids, wie sie hier genannt werden, leben in Singapur. Die meisten von ihnen kommen von den Philippinen und Indonesien, manche aus Indien, immer mehr aus Myanmar. In Grüppchen oder zu zweit, meist schnatternd und lachend, sitzen sie zusammen, essen zusammen, treffen ihre Freunde.

Einer ihrer Lieblingsorte ist der Platz vor dem Kaufpalast ION. Die großen Stufen hier machen ihn zu einem Theaterrang, ideal zum Sehen und Gesehenwerden. Alle Maids haben sich herausgeputzt in ihrem Sonntagsstaat, mal sexy, mal brav, aber immer sehr sorgfältig gekleidet und geschminkt. Jetzt werden die neu erworbenen Einkäufe aus den Plastiktüten gepackt und herumgezeigt, bewertet, verschenkt, getauscht oder wieder eingepackt. Auch der Klatsch und Tratsch aus den Familien, von Freunden, über andere Maids oder über die Arbeitgeber wird ausgetauscht.

Aber auch über Geld, vielmehr sein ständiges Fehlen, klagen die Maids. Nie scheint es genug, will man seine Bedürfnisse in dieser konsumorientierten Stadt decken. Die Schulausbildung der Kinder, der Lebensunterhalt der Eltern, die Ansprüche der vielen armen Familienmitglieder: Alle erwarten von den Maids, die im reichen, sauberen Singapur leben, Geld.

Dafür wird auch schon mal gestohlen, gelogen und betrogen. Dass das Leben trotz ihrer guten Versorgung hier für sie nicht einfach ist, dass es anständige Arbeitgeber gibt, aber auch Ausbeuter, dass die Trennung vom Kind und manchmal auch dem Mann schwer ist, übersehen gerade die wohlbetuchten Expats allzu leicht. Den Maids bleibt nichts anderes, als es in Kauf zu nehmen, um ihr Leben zu sichern.

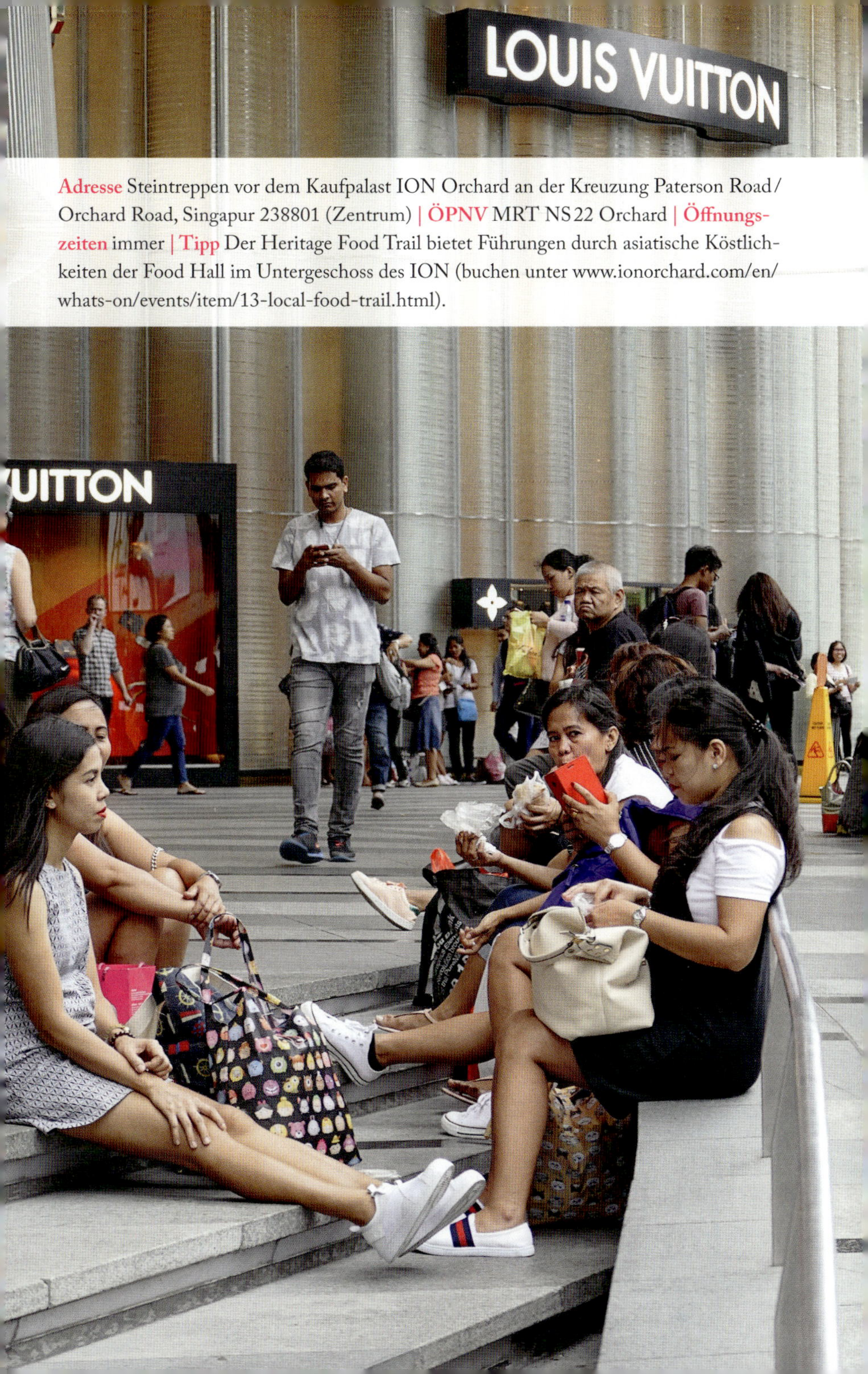

Adresse Steintreppen vor dem Kaufpalast ION Orchard an der Kreuzung Paterson Road / Orchard Road, Singapur 238801 (Zentrum) | **ÖPNV** MRT NS 22 Orchard | **Öffnungszeiten** immer | **Tipp** Der Heritage Food Trail bietet Führungen durch asiatische Köstlichkeiten der Food Hall im Untergeschoss des ION (buchen unter www.ionorchard.com/en/whats-on/events/item/13-local-food-trail.html).

59_Das Marina One
Ingenhoven baut ein verschlossenes Schaufenster

Mächtig. Wuchtig. Raumgreifend. So wirkt das riesige Gebäude Marina One. Von außen ein Klotz, von innen verspielt. Entworfen vom Düsseldorfer Architekten Christoph Ingenhoven und seinem Team, ist Marina One ein Bekenntnis: ein Bekenntnis zum Ort, eines zu modernster Architektur und eines zur Zusammenarbeit Singapurs mit seinem Nachbarland Malaysia.

Marina One steht auf Land, das dem Meer abgerungen wurde. Lebten 1960 weniger als zwei Millionen Menschen in Singapur, sind es heute gut 5,6 Millionen – da hilft nur, Land zu gewinnen, in die Höhe zu bauen und künftig auch in die Tiefe. Ingenhoven ist der bislang letzte der weltweiten Riege der Stararchitekten, die sich nach Singapur vorgewagt haben. Er hat gleich die richtigen Auftraggeber gefunden: Denn Marina One gehört zu 60 Prozent dem malaysischen Staatsfonds Khazanah, zu 40 Prozent dem Singapurer Staatsfonds Temasek. Da kann wenig schiefgehen. Schon der andere deutsche Shootingstar der Szene, Ole Scheeren, hat im Auftrag dieser beiden sein »Duo« an der Grenze zum arabischen Viertel gebaut (siehe Kapitel 40).

Klar ist aber auch, dass ein solcher Bau ein Schaufenster werden muss. Marina One soll nicht weniger als mit seinem grünen Innenhof Singapurs Vision der »City in the Garden« verkörpern. Zwei Bürotürme, mit jeweils 175.000 Quadratmeter Fläche, zwei Wohntürme mit jeweils 34 Stockwerken und ein Einkaufszentrum bilden eine kleine Stadt. Ein »Garten der Biodiversität« auf mehreren Etagen soll ein eigenes Mikroklima erzeugen. Wiederaufbereitetes Wasser fließt in den Toiletten, Sonnenblenden und Spezialglas halten die Tropenhitze ab, Sonnenkollektoren nutzen deren Strahlen. Radler finden Parkplätze, Fahrer von Elektroautos Ladestationen und U-Bahn-Fahrer den Zugang zu vier der sechs U-Bahn-Linien der Stadt. Wer es sich leisten kann, wird in Marina One lecker leben – so verschlossen der Bau von außen auch wirkt.

Adresse 21–23 Marina Way, Singapur 018978 (Central Business District) | **ÖPNV** MRT DT 17 Downtown | **Öffnungszeiten** »The Heart« in der Mitte der Gebäude mit seinen hängenden Gärten ist 24 Stunden geöffnet | **Tipp** In der nach eigenen Angaben höchstgelegenen Mikrobrauerei der Welt gibt es nicht nur Frischgezapftes, sondern auch einen phantastischen Blick aus deckenhohen Panoramafenstern auf die Marina Bay (Level 33, 8 Marina Boulevard, #33-01 Marina Bay Financial Centre Tower 1).

60__Die MAS Gallery
Singapur mal so richtig vor die Wand fahren

Sie mögen Singapur nicht? Die Stadt geht Ihnen auf den Keks, nervt, ist zu laut, und dann regnet es auch noch? Sie sind angefressen, ja wütend, wollen es den Singapurern mal so richtig zeigen? Auch für Sie gibt es einen Platz: das Museum der Zentralbank. Hier nämlich kann man Singapur so richtig vor die Wand fahren.

Digital natürlich. Denn in der hochmodernen MAS Gallery wird man am Computer zum Notenbankchef des Stadtstaates befördert. Und darf damit geldpolitische Entscheidungen treffen. Hört sich öde an. Ist es aber nicht. Denn was passiert, wenn Sie an der virtuellen Zinsschraube drehen, sehen Sie sofort auf dem Bildschirm: Mehr Arbeitslose, höhere Preise, leer stehende Wohnungen. Eben all das, was Singapur mit aller Macht vermeiden will.

Das zu verhindern ist im richtigen Leben die Aufgabe der Monetary Authority of Singapore. Überwacht vom Finanzminister, sitzen hier die besten Beamten der Stadt. Ihre Aufgabe ist nicht nur – wie die der meisten Zentralbanker des Westens –, die Inflation in einem festgelegten Korridor zu halten. Sondern sie helfen auch mit, dass die reiche Tropeninsel weiter wachsen kann. Die MAS ist eine politisch geführte Notenbank, die ein großes Aufgabenfeld abdeckt.

Das hat sie bislang so gut gemacht, dass sie sich selbst ein kleines Museum geschenkt hat. Gegenüber liegen die Räume der Reflections@MAS, wo die Behörde sich, ihre Mitarbeiter und ihre Spitzenmanager feiert. Im Museum kann man lernen, wie die Notenbanker ticken. Man lernt aber auch, wie Singapur zu einem Finanzplatz in Asien wurde. Falschgeld lässt sich ermitteln. Und auf einer Großleinwand kann man das Finanzsystem des Stadtstaates kennenlernen. Zugegeben – das ist nicht für jedermann eine Urlaubsbeschäftigung. Wenn es aber regnet und wenn man wirklich verstehen will, wie diese Stadt zu dem wurde, was sie heute ist, dann lohnt eine Stunde in der MAS Gallery.

Adresse 10 Shenton Way, Singapur 079117 (Central Business District) | **ÖPNV** MRT EW 15 Tanjong Pagar | **Öffnungszeiten** Mo–Fr 9.30–17.30 Uhr, Sa 9.30–13.30 Uhr | **Tipp** Zeit zum Schmökern und Entdecken kann man sich in dem Buchladen »Littered with Books« in der 20 Duxton Road nehmen.

61 Die Masonic Hall

Hinter verschlossenen Türen ganz offen

Eine reiche Weltstadt wie Singapur muss sich offen geben. So offen, dass geschlossene Clubs durchaus ihre Lebensberechtigung haben. Die Sekte Falun Gong darf hier praktizieren, während sie in China verfolgt wird. Rotary und der Lions Club sind vielfach vertreten. Es gibt den Club der Millionäre. Es gibt die chinesischen Clans. Und dann schießen immer wieder private »Lifestyle-Clubs«, wie 1880 der Goh Loo Club oder Madisons Rooms, aus dem Boden – für hohe Mitgliedsbeiträge bieten sie Privilegien.

Die älteste private Vereinigung der Stadt aber ist wohl die Freimaurerloge Zetland in the East No. 748. Sie wurde am 26. Februar 1845 ins Leben gerufen. Die Freimaurer, die sich bis ins England des 16. Jahrhunderts zurückverfolgen lassen, fassten in der britischen Kolonie Fuß. Kein Wunder: Singapurs Stadtgründer Sir Stamford Raffles war selber Freimaurer. Erstes Mitglied in Singapur wurde der Rechtsanwalt William Napier, dem heute eine Straße gewidmet ist. Später folgten Admiral Henry Keppel, dessen Name nicht nur rund um den Hafen geläufig ist, und Generalstaatsanwalt Thomas Braddell.

Seit 1879 treffen sich die Logen in der Masonic Hall, einem klassizistischen Gebäude, das auch ein Gericht beherbergen könnte. Immer noch umweht es ein Geheimnis. Sicher, es gab hier 2002 schon das Haus der Offenen Tür, die Freimaurer verschenkten damals Kinokarten an arme Kinder. Sieben Jahre später erhielt der steinerne Klotz auch einen neuen, blau-weißen Anstrich, der ihn freundlicher erscheinen lässt. Auch wird jedermann im Restaurant willkommen geheißen. Und dennoch: Die Freimaurer erscheinen auch in der Tropenmetropole besonders deshalb interessant, weil viele ihrer Riten hinter verschlossenen Türen vor sich gehen. Da fühlen sich auch die modernen Clubs angesprochen: Der exklusive Madisons Rooms, der seine Mitgliederzahl auf 400 begrenzen will, tritt im Haus der Freimaurer zusammen.

Adresse 23A Coleman Street, Singapur 179806 (Kolonialviertel) | **ÖPNV** MRT NS 25 / EW 13 City Hall | **Öffnungszeiten** täglich 10–24 Uhr | **Tipp** Ein Stück weiter hoch biegt man in die Armenian Street ein. Dort liegt in Nummer 39 das Peranakan Museum, ein Hort der Mischkultur der Peranakan, die einzigartig für Singapur und die anderen Straits Settlements ist.

62 Der Merlion
Werbeikone oder Mythos?

Natürlich ist der Merlion das Wappentier Singapurs. Über ihn findet sich alles in den einschlägigen Reiseführern. Fast alles. Denn die große Statue diente auch schon mal als Hotel: Während der Biennale 2011 machte der japanische Designer Tatzu Nishi das weiße Monument zum Pop-up-Schlafzimmer – man lag hoch oben vor dem Löwenmaul.

Doch damit nicht genug. Die Intellektuellen der Stadt reiben sich immer wieder an der aus ihrer Sicht kindischen Figur, die von der Tourismus-Behörde der Stadt vermarktet werde. So hat der Singapurer Science-Fiction-Autor Kevin Martens Wong eine Geschichte geschrieben, in der der Merlion alles andere als nett dasteht und Wasser spuckt. Seine Merlions sind Drachen gleich, die ihren Feinden statt Feuer tödliche Wasserstrahlen entgegenschleudern und messerscharfe Krallen besitzen. Aus dem Schoßhund der Stadtwerber wird bei Wong eine Bestie. »Jeder hat nur noch gedacht, der Merlion geht mir auf den Geist! Also habe ich mir gesagt, warum ihn nicht mal in ganz anderer Richtung wahrnehmen?«

Wongs Buch ist keine Ausnahme, in Singapur hat sich eine ganze Riege von Autoren gebildet, die mit der Mythologie des Stadtstaates spielen. Der Gegenentwurf zum Merlion ist Pontianak – ein weiblicher Vampir, der in Malaysia und Indonesien gefürchtet ist. »Der Pontianak steht für eine Volkstradition, der Merlion ist eine künstliche Erzählung der Regierung. Viele von uns trauen dem Merlion nicht«, sagt der Autor Ng Yi-Sheng. Der Pontianak verkörpert übrigens den Geist einer Frau, die während ihrer Schwangerschaft starb.

Bei so viel Horror dann vielleicht doch lieber der fotogene Merlion? Zumindest ist seine Herkunft geklärt: Er ist ein Kind der Unabhängigkeit, als die Stadt ihre Geschichte suchte. 1963 zeichnete der Leiter des 1998 geschlossenen Van-Kleef-Aquariums am Fort Canning Park den Entwurf, den das Singapore Tourism Board dann in sein Logo für die »Lion-City« aufnahm.

Adresse 1 Fullerton Road, Singapur 049213 (Marina Bay) | **ÖPNV** MRT EW 14 / NS 26 Raffles Place | **Öffnungszeiten** immer | **Tipp** Das Tor nach Asien: Das Asian Civilisation Museum gegenüber an der Flussmündung ist eine wahre Schatztruhe asiatischer Kunst und Kultur.

63 Die Moschee der Kauffrau
Der Schiefe Turm von Singapur

Diese Moschee ist etwas Besonderes: Weltweit zählt sie zu den wenigen, die nach einer Frau benannt sind. Hajjah Fatimah war die malaiische Gattin eines Prinzen aus Celebes, dem heutigen Sulawesi in Indonesien. Er stammte aus der Volksgruppe der Bugis, der handeltreibenden Seefahrer. Die Bugis machten aus Singapur im 19. Jahrhundert eine blühende Handelsstadt. Noch heute ist der Stadtteil am Rochor River, wo sie lebten, nach ihnen benannt.

Nach dem frühen Tod ihres Mannes übernahm Hajjah Fatimah dessen Handelsgeschäft – ein seltener und couragierter Schritt einer Frau zur damaligen Zeit. Sie war äußerst erfolgreich und wurde sehr wohlhabend. Zweimal aber wurde ihr Haus ausgeraubt, einmal wurde es abgebrannt. Aus Dankbarkeit darüber, dass ihr persönlich bei diesen Katastrophen nie etwas geschah, stiftete Hajjah Fatimah 1846 diese Moschee. Sie steht an der Stelle ihres niedergebrannten Hauses.

Der Blick fällt zunächst auf das Minarett. Ist der Blick schief oder der Turm? Es ist der Turm. Über die Jahre hat er sich mehr und mehr zur Seite geneigt. Die Menschen nennen ihn denn auch liebevoll den »Schiefen Turm von Singapur«.

Das ganze Gotteshaus ist ein Stilmix, eine west-östliche Fusion als Zeugnis für Singapurs multikulturelle Gesellschaft. Das Minarett ist dem ersten Glockenturm der St. Andrews Church im Kolonialviertel nachgebildet und mit seinen dorischen Säulen europäisch geprägt. Die Kuppel über dem Gebetsraum weist auf den islamischen Einfluss hin, die glasierten Porzellankacheln an Fenstern und Holzarbeiten sind chinesische Elemente.

Kein Zweifel: So lässt nur eine weltoffene, kulturell interessierte Frau bauen. Gleichwohl hat Hajjah Fatimah ihren Wohnort nie wirklich verlassen: Denn sie wurde im Mausoleum ihrer Moschee beigesetzt, Seite an Seite mit ihrer einzigen Tochter und deren Mann.

Adresse 4001 Beach Road, Singapur 199584 (Kampong Glam) | **ÖPNV** MRT CC 5 Nicoll Highway | **Öffnungszeiten** täglich 9–21 Uhr | **Tipp** Im Heritage Shop in der 93 Jalan Sultan kann man außergewöhnliche Vintage-Souvenirs erwerben.

64 Der Mount Serapong
Geschütze, die nicht schießen

Ein Berg ist ein Berg. Nur nicht in Singapur. Da wird ein Hügel auf der Insel Sentosa gleich zu Mount Serapong. Denn so viele andere Erhebungen sind der Insel ja nicht geblieben. Aber jenseits allen Etikettenschwindels bietet die verborgene Ecke der Spaßinsel ein Abenteuer. Zunächst sieht man nur die Satellitenanlagen, die Singapur 1971 am äußersten Zipfel von Sentosa gebaut hat. Interessanter für all jene, die nicht am Fernmeldewesen interessiert sind, ist der Hügel selbst. Darauf nämlich finden sich hinter zahlreichen Betreten-verboten-Schildern die Überreste von Fort Serapong. Ab 1879 hatten die Briten hier eine Festung errichtet, um den gegenüberliegenden Hafen zu schützen. So wurde aus den Seefesten Fort Siloso, Fort Connaught und Imbiah Battery ein Quartett.

Die Briten errichteten hier oben nicht nur Kasematten und Geschützstände, Verbindungstunnel und Ausguckstände, sondern auch eine Kapelle für das seelische Wohl ihrer Soldaten. Direkt an der Straße stehen noch Unterkünfte aus dem Jahr 1936, die nie renoviert wurden. Einheimische kennen den Platz aufgrund der massiven militärischen Bebauung unter dem Namen Cement Hill. Die Briten hatten dem lebenswichtigen Wasserreservoir hier oben eine Tarnhaube verpasst: eine Zementkuppel, die wie die Spitze eines Hügels wirken sollte. Sie diente auch als Ausguckposten.

Die beiden schweren Geschütze waren allzeit bereit, gaben in Kriegszeiten aber dennoch keinen einzigen Schuss ab, weil die Japaner Singapur 1942 von Land aus überfielen. Vor ihrer Flucht sprengten die Briten die Kanonen in die Luft. Zwei Tage später bombardierten die Japaner die Hügelfestung. Übrig geblieben sind heute zerfallende Baracken aus Beton, die Drehplattformen für die Geschütze, verrostete Stahlgeländer und Halteringe. Fotografen, Geisterjäger und Hobby-Historiker fasziniert der Platz aber gerade deshalb.

Adresse Woolwich Road, Singapur 098687 (Sentosa) | **ÖPNV** MRT CC 29 / NE 1 HarbourFront, dann Sentosa Express bis Beach Station, dann Bus B bis Sentosa Pavilion am Eton House, Richtung Serapong Hill Road gehen | **Tipp** Im ruhigen So Spa kann man sich unter Palmen eine Auszeit nehmen, sich verwöhnen lassen und kleine leckere Gerichte essen (30 Allanbrooke Road).

65 Das Mount Vernon Cantonment
Der Ruf der Berge

Gurkha leben auf dem Dach der Welt, in Nepal. Manche sind Bauern, manche helfen Bergsteigern. Berühmt aber ist das Bergvolk für seine hervorragenden Kämpfer. Und die gibt es auch auf der Tropeninsel.

Schon Briten und Inder machten sich die Gurkha zunutze. In beiden Armeen wurden und werden sie bewundert wegen ihres Mutes, ihrer Opferbereitschaft und dafür, dass sie Gegner angeblich auf 30 Meter Entfernung mit ihrem geschleuderten Krummdolch umbringen können.

In Singapur gelten sie als »die unsichtbare Macht«. So unsichtbar indes sind sie nicht – mit ihren blauen Uniformen, den breitkrempigen Hüten und ihren Landrovern bilden sie seit 1949 eine eigene Einheit der Singapurer Polizei. Sie ersetzten ein Regiment indischer Sikh-Kämpfer. Während der – wenigen – Unruhen bewiesen die Gurkha ihre Loyalität dem Singapurer Staat gegenüber.

Oft kommen sie schon im jungen Alter von 18 Jahren in die Stadt und bleiben für zwei Jahrzehnte. Man trifft sie in Zivil in den nepalesischen Restaurants in Littel India. Leben aber tun sie mit ihren Familien in einem besonderen Stück Singapur – verschlossen für alle anderen: Das Mount Vernon Cantonment ist ein Stück Himalaya in der Stadt. Oft sieht man die Gurkha hier in ihrer Freizeit rund um die Quartiere joggen. Auch leben viele Läden in den anliegenden Straßen von den Nepalesen, bis hin zum Tattoo-Shop von Johnny Gurhka. Er sticht den Polizisten mit Nadeln Bilder in die Haut, damit sie im Fall ihres Todes identifiziert werden können. Die Häuser der Kaserne für die rund 2.000 Polizisten aus den Bergen erinnern dank ihrer Türmchen an die Himalaya-Architektur. Hinter dem für Außenstehende undurchdringlichen Zaun gibt es Tempel, Läden, Schulen. Und damit auch jeder weiß, wo er sich bewegt, heißt die Straße hinein in das Quartier Kathmandu Road, nach der 5.000 Kilometer entfernten Hauptstadt Nepals.

Adresse entlang der Mount Vernon Road, Singapur 539247 (Paya Lebar) | **ÖPNV** MRT NE 11 Woodleigh, dann Bus 100 Richtung Mount Vernon Sanctuary, oder CC 12 Bartley | **Öffnungszeiten** nur von außen zu besichtigen | **Tipp** Das Mount Vernon Sanctuary ist noch für wenige Jahre ein stiller Ort, ein Urnenfriedhof in einem parkähnlichen Gelände. Bis es ein neues Wohngebiet wird.

66 Die MRT am Raffles Place

Was übrig blieb vom ältesten Kaufhaus Singapurs

Am Raffles Place schlägt das Herz der Finanzmetropole Singapurs. Im Schatten der Wolkenkratzer der Geldhäuser rund um den lichten grünen Platz verbringen Hunderte Banker ihre Mittagspause. Hier geht's aber auch in den Untergrund: Die zwei weißen Eingangshäuschen im klassizistischen Kolonialstil für die U-Bahn MRT stehen sich gegenüber und markieren die beiden Enden des Platzes. Sie sind die auffälligsten der zehn Eingänge und wirken wie aus der Zeit gefallen; erinnern sie doch an die Mitte des 19. Jahrhunderts, als es hier noch aussah wie auf einem der prachtvollen Plätze Londons. Majestätische Kolonialbauten säumten die Freifläche. Hier wollten die Menschen sehen und gesehen werden, flanieren und einkaufen in den prunkvollen Kaufhäusern, so wie heute auf der Orchard Road.

Die beiden Stirnseiten der Eingangshäuschen zeigen die Ansicht des einstigen John Little Department Stores. Über Jahrzehnte hielt er den Rang des ältesten Kaufhauses Singapurs, war der bevorzugte Einkaufsplatz der europäischen Entsandten. 1842 hatte ihn der irischstämmige John Little am Raffles Place eröffnet, der damals noch Commercial Square hieß. Nach einer Partnerschaft mit einem parsischen Geschäftsmann führte er das Haus mit seinem Bruder dann unter dem Namen John Little & Co. Die Company wurde sehr erfolgreich im Wein-und Spirituosenhandel, handelte mit Büchern, verkaufte Uhren und führte Geschäfte selbst im benachbarten Malaysia.

1955 aber wurde John Little von Robinsons übernommen, dem zweiten großen Kaufhaus am Platz. Der Name blieb, das Angebot aber bestand nur noch aus dem billigeren Segment von Robinsons. 1960 zog John Little nach 118 Jahren am Platz an die Orchard Road und eröffnete mehrere Dependancen. Doch nicht einmal der neue Markenname JL konnte noch helfen: Das Traditionshaus schloss 2017 sein letztes Geschäft im Plaza Singapura. Es bleiben Erinnerungen.

Adresse am Raffles Place, Singapur 048616 (Central Business District) | ÖPNV MRT EW 14/NS 26 Raffles Place | Öffnungszeiten immer | Tipp Das 1-Altitude im Wolkenkratzer One Raffles Place ist die höchste Dachbar in Singapur. Der 360-Grad-Blick ist phantastisch, kurze Hose aber ein No-Go!

67 Das Mustafa Centre
Die Ladentheke der Weltwirtschaft

Eng ist es hier. Stickig. Unübersichtlich. Aber nirgends sonst lässt sich in Singapur so einkaufen wie bei Mustafa. Das Kaufhaus ist eine Institution. Und sollte Shoppen als Therapie gelten, dann hilft diese hier auch über Nacht: Denn Mustafa hat 24 Stunden geöffnet.

Hier gibt es alles und fast alles sehr günstig. Uhren und Schmuck, Kosmetika und DVDs, Mixer, Koffer, Saris, Gewürze, Schuhe und Badeanzüge. Aber auch Massagebänke, Anzüge für Kinder und Motivationsposter für die Bürowand – ist China die Fabrik der Welt, ist das Mustafa Centre deren Ladentheke.

Auf fast 19.000 Quadratmetern bietet die siebenstöckige Einkaufsmeile natürlich auch ein Restaurant, Reisebüro und Wechselstuben. Gebaut wurde sie, um den Gastarbeitern in Little India ein Stück Heimat zu bieten. Wer hier einkauft, kann auch gleich eine Versicherung abschließen, ein Visum beantragen, den Heimflug buchen, der Frau daheim Schmuck mitbringen. Heute würde man so etwas einen One-Stop-Shop nennen.

So wie das chinesische Kaufhaus Tangs (siehe Kapitel 33) in der Innenstadt hat auch Mustafa eine lange Tradition: 1971 eröffnete Mustafa Ahmad mit seinem Sohn Mustaq – der heute noch die Einkaufsmeile führt – und Onkel Samsuddin ihr erstes Bekleidungsgeschäft in der Campbell Lane. Die Familie war in den 50er Jahren aus Indien übergesiedelt und begann mit nichts in der Hand: Der Vater verkaufte Essen von einer Karre aus, holte seinen Sohn nach, als die Mutter gestorben war. Mustaq besuchte die Schule nur vier Jahre lang. Aber er entwickelte Gespür fürs Geschäft. 1995 öffnete das Mustafa Centre. Das Konzept funktionierte: Mustaq zählt mit einem Vermögen von mehr als 250 Millionen Dollar zu den reichen Singapurern.

Elektrogeräte sind bei Mustafa besonders beliebt, doch für Touristen zählt die Lebensmittelabteilung: Nirgends sonst in Singapur gibt es eine solche Auswahl südasiatischer Gewürze und kulinarischer Mitbringsel.

Adresse 145 Syed Alwi Road, Singapur 207704 (Little India) | **ÖPNV** MRT NE 8 Farrer Park | **Öffnungszeiten** täglich rund um die Uhr | **Tipp** Die indische Kultur in Singapur wird interaktiv und mit vielen Leihgaben von indischstämmigen Singapurern im neuen Indian Heritage Centre (5 Campbell Lane) vorgestellt (http://indianheritage.org.sg).

68 Im National Design Centre
Schwebende Ikonen einer Stadt

Während der Ausbildung lernen sie, vier verschiedene Frisuren zu stecken, Make-up aufzulegen, sich die Nägel rot zu lackieren, durch die Gänge des Flugzeugs zu schweben und niederzuknien, wenn ein Gast an Bord einen Wunsch hat. Vor allem aber lernen sie, voll Grazie ihren Sarong Kebaya zu tragen. Das je nach Dienstgrad seiner Trägerin blaue, grüne, rote oder violette Gewand – die Herren Stewards tragen entsprechende Krawatten – ist eine Ikone. So wie das »Singapore Girl« selbst, wie die Singapore-Airlines-Stewardessen auf der Insel genannt werden. Schon der Name des Blusenkleides ist international: Sarong kommt von »sarung« und steht im Malaiischen für »sich bedecken«. Kebaya hat seinen Ursprung im arabischen »abaya«, der Kleidung. Der Inhouse-Schneider passt jede Uniform genau an, jede Stewardess bekommt vier pro Jahr.

»Das Singapore Girl ist eine zentrale Markenbotschafterin Singapurs und eine führende internationale Marke der Reisebranche«, heißt es in der staatlichen Zeitung »The Straits« Times. Und das schon lange: Denn das Kleid mit dem hohen Schlitz entstand 1968. Und hat es bis ins nationale Designzentrum geschafft. Entworfen wurde es vom französischen Designer Pierre Balmain. Damals hieß die heutige Staats-Airline noch Malaysia-Singapore Airlines. Balmain brauchte mehr als ein Jahr für die Entwicklung, die Stewardessen klagten dann erst mal über die hohen Absätze ihrer Pumps.

Erst 1972 entstand dann der Mythos um das »Singapore Girl«: Die Agentur Batey Ads entwickelte die Kampagne, die noch heute zieht. Nur das Schuhwerk wechselte über die Jahre: Denn beim schrecklichen Unfall einer Maschine verbrannten sich die Stewardessen in ihren Zehensandalen die Füße. Seitdem müssen sie zu Start und Landung festes Schuhwerk tragen. Kaum aber ist die Maschine in der Luft, schweben sie wieder in ihren traditionellen Sandalen durch den Gang.

Adresse 111 Middle Road, Singapore 188969 | **ÖPNV** MRT CC 2 Bras Basah | **Öffnungszeiten** täglich 9–21 Uhr | **Tipp** Der Bugis Street Market ist günstig für Kleidung und Souvenirs, hier kaufen Singapurer. Meist ist es gedrängt voll in den Reihen kleiner Stände (3 New Bugis Street).

69 _ Die Palastruinen
Aus Licht wird Feuer

Dschungel, Dschungel und nochmals Dschungel. Davor ein halb verrostetes Stahltor, mannshoch. Mehr ist nicht zu sehen von dem Ort, an dem einst Singapurs rauschendste Feste gefeiert wurden. Im Winkel zwischen Tyersall und Holland Road, gegenüber dem Alten Botanischen Garten, liegt ein merkwürdiges Stück Stadt. Es ist abgesperrt und undurchdringlich. Jene, die länger in Singapur leben, erinnern sich noch an ein fein geschmiedetes Eisentor, das einst den Weg in diesen Tropenwald versperrte.

Im Wald dahinter verborgen liegen die Ruinen des Palastes des Sultans Abu Bakar. Der weltgewandte Malaie stammte aus einer der Familien, denen die Briten Anfang des 19. Jahrhunderts die Insel Singapur abluchsten. Reich wurde er nicht nur durch die Apanage, die die Kolonialherren zahlten, sondern auch durch den Anbau von Gummi und Gambir.

Sein Geld versteckte der Sultan nicht. Er war gern gesehener Gast auf Festen in Kairo, Wien und Budapest, brachte eine exotische Note, genoss eine britische Ausbildung. In Singapur ließ er sich an der Tyersall Road einen Palast errichten. Eröffnung wurde am 10. Dezember 1892 gefeiert. »Selten hat man eine solche Zusammenkunft der Singapurer Gesellschaft gesehen«, schwärmte der Berichterstatter der »Singapore Free Press«. »Der Sultan erstrahlte in Diamanten.«

Abu Bakar ließ es krachen: Seinen Palast erleuchtete er als eines der ersten Gebäude der jungen Stadt mit Hunderten von Glühbirnen. Ein eigenes Kraftwerk auf dem Gelände produzierte den Strom. Freude und Stolz aber hielten nicht lange: Im September 1905 brach ein Kabelbrand aus, der den Palast bis auf die Grundmauern zerstörte. Der Sultan verließ ihn. Auch seine Nachkommen kehrten nie zurück. Das grüne Stahltor zum malaysischen Gebiet im Stadtstaat wird bis heute von ein paar Wächtern in einer Baracke bewacht. Und auf Google Earth kann man die Ruine des überwucherten Palastes finden.

Adresse im Dschungel des Gevierts Holland Road/Tyersall Avenue, Singapur 258853 | **ÖPNV** Bus 7, 77, 106, 123, 174 ab Orchard Boulevard bis After Pierce Road, dann links gegenüber | **Öffnungszeiten** nur von außen zu besichtigen | **Tipp** Im PS Café gegenüber in Dempsey Hill kann man den ganzen Tag verweilen und unter Tropenbäumen üppiges australisches Essen genießen.

70_ Der Park der bösen Geister

Auch in der modernen Metropole grassiert der Aberglaube

In Singapur ist alles geplant, geregelt, vorhersehbar. Ein Mini-Land der Technokraten, ein Nanny-Staat, der seine Menschen an die Hand nimmt. Und doch: Es gibt das Unvorhersehbare. Es gibt Geister. Die guten leben in den Tausenden chinesischer Tempel, in den verehrten Bäumen, unter manchem Hausdach. Es gibt aber auch die anderen, die bösen. Die hat auch die Regierung, die sonst alles kann, nicht ausgerottet.

Und so glauben die Singapurer an manch verhexten Flecken, an faulen Zauber, an Spuk und an das Böse, genannt Evil. Das soll beispielsweise im Bedok Reservoir regieren. Der Nationalpark wurde 2011 und 2012 als »Ort der Selbstmörder« bezeichnet, nachdem dort innerhalb weniger Monate der abgetrennte Unterkörper des 23-jährigen Chinesen Lin Xiao gefunden wurde, später die Leichen von Tan Shze Sze und ihrem dreijährigen Sohn. Lin soll depressiv gewesen sein, Tan stritt sich mit ihrem Ex um das Sorgerecht für ihr Kind. Es folgten noch weitere fünf Leichenfunde. Deshalb hielten Priester der großen Religionen auf Anregung des früheren Außenministers am See eine Gebetsstunde ab. Ebenso hilfreich waren vielleicht das Anbringen von Überwachungskameras und die Verstärkung der Polizeipatrouillen.

Und auch die berühmteste Einkaufsstraße Asiens hat ihre ganz eigene, dunkle Vergangenheit: An der Orchard Road, deren Shopping Malls heute im Zentrum der Stadt erstrahlen, lag bis in die 50er Jahre der riesige Tai-Shan-Ting-Friedhof mit fast 30.000 Gräbern der Teochew-Chinesen. Die U-Bahn-Station Dhoby Ghaut am Ende der Orchard Road liegt inmitten des früheren jüdischen Friedhofs. Die Synagoge steht nur einen Steinwurf weit entfernt. Geister sind hier heute nicht mehr anzutreffen – eher schnatternde Jugendliche, die bepackt mit Einkaufstüten vor den Schaufenstern flanieren. Es gibt aber Singapurer, die hier niemals eine Wohnung kaufen würden …

Adresse Bedok Reservoir Road, Singapur 479244 (Bedok), www.nparks.gov.sg/gardens-parks-and-nature | **ÖPNV** MRT DT 30 Bedok Reservoir | **Öffnungszeiten** immer, aber es empfiehlt sich, ihn wie alle Parks von 7.30–19.30 Uhr bei Tageslicht zu besuchen | **Tipp** Eine der Lieblingsspezialitäten Singapurs: Black Pepper Crab. Ungeniert genießt man das kleckerträchtige Essen im East Coast Seafood Centre am Meer.

71_Die Pforte der Hoffnung
Singapurs Babyklappe

Ganz unscheinbar erscheint die Tür an der Ecke des ehemaligen französischen Convents an der Kreuzung Bras Basah und Victoria Street. Doch versprach diese Tür lange Zeit die Chance auf Leben.

1854 gründete der katholische Pater Jean-Marie Beurel die von französischen Ordensschwestern betreute Mädchenschule Convent of the Holy Infant Jesus. Ein Teil der Schule war ein Waisenhaus, dort erhielten die Kinder eine Schul- und Berufsausbildung. Eine seltene Chance zu jener Zeit.

Öffneten die Nonnen morgens die Seitentür ihres Konvents, fanden sie dort häufig Babys. Babys, deren Mütter oder Familien sie dort abgelegt hatten aus finanzieller Not, aus Scham über eine ungewollte Schwangerschaft oder weil sie krank waren. Manchmal lagen sie dort auch, weil die Eltern glaubten, die Geburt eines Mädchens im Jahr des Tigers bringe Unglück. Aber wenigstens wussten die Eltern, dass es hinter dieser Tür Hoffnung auf Leben gab. Und so wurde die Tür zur Babyklappe Singapurs »Pforte der Hoffnung« genannt.

Zwischenzeitlich war die Zahl der Findel-Babys so groß, dass es ab 1970 für ein Vierteljahrhundert ein eigenes Heim für sie gab.

Heute ist die Lage ganz anders. Singapur überaltert, die Stadt braucht dringend Nachwuchs. Staatliche Programme sollen die Geburtenrate heben. Vor allem junge Akademiker bekommen Anreize, überhaupt und möglichst mehrere Kinder zu bekommen. Denn auch in Singapur sorgen die langen und teuren Ausbildungszeiten für eine späte Familiengründung. Viele Familien rechnen sich sehr genau aus, was ein Kind mit einer möglichst guten Ausbildung die Familien kosten wird. Die Versorgung mit Kindertagesstätten ist flächendeckend und vorbildlich. Plakate des Hilfsprogramms für schwangere Teenager hängen an den Bushaltestellen.

Das Chijmes ist heute ein Ort für Restaurants und Bars. Doch die Tür wurde erhalten als Andenken an die vielen Leben, die hier gerettet wurden.

Adresse im Chijmes, 30 Victoria Street, Singapur 187996 (Kolonialviertel) | **ÖPNV** MRT NS 25 / EW 13 City Hall oder CC 2 Bras Basah | **Öffnungszeiten** nur von außen zu besichtigen | **Tipp** Zum Mittagessen in das Asia Grand-Restaurant in den Odeon Towers: Die Pekingente schmeckt nicht nur den vielen Geschäftsleuten hier.

72 Der Pier der roten Laternen

Signale aus längst vergangenen Tagen

Rot ist die Farbe der Liebe. Rot ist aber auch ein Warnlicht. Das ist in Singapur nicht anders als im Rest der Welt. Deshalb heißt der Clifford Pier im Volksmund »Red Lantern Harbour«. Aber der Reihe nach.

Heute stehen rund um das schön hergerichtete Art-déco-Gebäude aus dem Jahr 1933 rote Laternen. Sie fallen kaum auf, sind nur Zierde. Als der Pier aber noch Singapurs Anleger für Ozeanriesen war, brannte ein einziges rotes Leuchtfeuer auf dem Dach. Es wies den Schiffen die Richtung. Wer es sah, wusste, das Ziel war nahe.

Der Pier war geschäftig in jenen Tagen, er war Ankunfts- und Abfahrtskai. Tausende von Immigranten passierten die gewölbte Eingangshalle. Hier verkehrten auch die Bumboats und Sampans, die kleinen Lastenboote. Immer war der Pier auch die Bühne der Gesellschaft: Die Menschen fieberten hier bei Regatten und Drachenbootrennen mit. Es spielten sich aber auch erschütternde Dramen während der Evakuierung vor dem Heranrücken der Japaner ab. Und in den 80er Jahren des vergangenen Jahrhunderts bekam die rote Laterne noch eine ganz andere Bedeutung: Rund um den Hafen lag der Rotlichtbezirk.

So aber konnte es nicht weitergehen im sauberen Stadtstaat. Planer entwickelten ein neues Konzept für die gesamte Gegend: Es entstand die Marina Bay, mit dem Clifford Pier als Schmuckstück. Längst vergangen sind die Tage der Immigranten, der Fischer, der Nutten. Im April 2006 legte das letzte Bumboat vom Pier ab, das einst offene Meer wurde zur geschlossenen Bucht. Der Pier aber strahlt schöner als je zuvor. Heute gehört er zum Imperium rund um das Fullerton Hotel und beherbergt in seiner lichten, hohen Halle ein Restaurant. Wenn dort der Pianist in die Tasten greift und man ganz fest die Augen schließt, dann sieht man sie wieder: die Ozeanriesen, die die rote Laterne sicher in den Hafen geleitete.

Adresse Clifford Pier, 80 Collyer Quay, Singapur 049326 (Marina Bay) | **ÖPNV** MRT NS 26 / EW 14 Raffles Place | **Öffnungszeiten** immer zugänglich | **Tipp** Der Sternenhimmel, der eine oder andere Drink und der Blick auf die Marina Bay lassen sich in der »Lantern Bar« auf dem Dach des Fullerton Bay Hotels genießen wie nirgends sonst.

73_Die Pioneer's Memorial Hall

Millionäre mit Sendungsbewusstsein

Wer Geld hat, will meist etwas bewirken. Hat er sehr viel Geld, bleibt er dabei sogar im Hintergrund – ein edler Spender, ein Philanthrop. An den Übrigen ist es, dem Wohltäter ein Andenken zu bewahren. Und so gibt es in Singapur auch ein Millionärsmuseum.

Es liegt versteckt im Ee Hoe Hean Club im Herzen Chinatowns, einem der ersten Millionärsclubs der Stadt. Gegründet 1895 und 1925 in den heutigen Bau umgezogen, tauschte man sich hier mit Ebenbürtigen in gediegener Atmosphäre aus.

Gästen der Stadt bleibt der Club natürlich verschlossen. Nebenan aber führt eine Tür, an der man für Einlass klingeln muss, in die feine »Pioneer's Memorial Hall«. Hier lassen sich die Wohltaten reicher Chinesen bestaunen. Schriftstücke und Bilder jener, die aus China kamen und in Singapur ihr Glück machten, geben auch Einblick in die Machtstrukturen des Stadtstaates.

Die reichen Chinesen der Aufbaujahre müssen ein munteres, politisch interessiertes Völkchen gewesen sein. Sie schickten viel Geld nach Festlandchina, um dort Einfluss auszuüben und den Aufbau der Republik zu unterstützen. Deren Leitfigur Sun Yat-sen besuchte den Club genauso wie Indiens Ministerpräsident Jawaharlal Nehru. In den Jahren der japanischen Invasion sandten die Clubmitglieder Millionen in ihre alte Heimat. So finden sich vergilbte Fotos von der Burma Road: Auf dieser Dschungeltrasse, die Amerikaner und Burmesen Richtung Südchina schlugen, sollte der Nachschub gegen die Japaner rollen. Dem Club mit seinem China Relief Fund fiel die Aufgabe zu, mehr als 3.000 Hilfsfahrer und Mechaniker an die Burma Road zu entsenden.

Wem all das zu viel Geld und Geschichte ist, der kann es einfacher haben. Singapur ist schließlich eine Stadt der kurzen Wege. Und so residiert um die Ecke des Millionärsclubs die »Vereinigung der Händler für Dosenmilch«.

Adresse im Ee Hoe Hean Club, Level 1, 43 Bukit Pasoh Road, Singapur 089856 (Chinatown) | **ÖPNV** MRT EW 16 / NE 3 Outram Park | **Öffnungszeiten** Mo–Fr 9.30–4.45 Uhr, Sa nur nach Vereinbarung, Führungen unter www.tkkfoundation.org.sg/pioneers-memorial-hall | **Tipp** Burger und Cocktails auf vier Etagen, inklusive Dachgarten, in einem restaurierten, großen Shophouse bietet das Potato Head Folks in der Keong Saik Road.

74 Die Plaketten der Opfer

Prisenoffizier Lauterbach zettelt einen Privatkrieg an

Heute arbeiten Deutsche und Singapurer eng zusammen. Während der beiden Weltkriege aber waren Deutschland und der britisch geführte Stadtstaat Feinde. Im Ersten Weltkrieg wurden Marinesoldaten in Singapur gefangen gehalten, im Zweiten erholten sich hier deutsche U-Boot-Fahrer während der japanischen Besatzungszeit.

Der größte Hasardeur von ihnen allen war wohl der deutsche Prisenoffizier Julius Lauterbauch. Er soll, so die Sage, ganz Singapur mit einer List in Gefahr gebracht haben. Der Überlebende des im November 1914 versenkten, kaiserlichen Kriegsschiffs »Emden« soll die muslimisch-indischen Wachleute aufgehetzt haben, die ihn festhielten. Er soll ihnen weisgemacht haben, sie würden von ihren britischen Kommandeuren verheizt werden, müssten gar gegen muslimische Glaubensbrüder kämpfen. Die Sepoy, wie die indischen Soldaten genannt wurden, fielen auf Lauterbach und die schwirrenden Gerüchte herein, heißt es. Am Chinesischen Neujahrsfest Mitte Februar 1915 zettelten sie Singapurs erste Meuterei gegen die Briten an.

Die marodierenden Soldaten erschossen 40 Offiziere und Zivilisten. Die Bevölkerung, auch die indische, aber hielt sich von ihnen fern. So wurden die Aufständischen denn rasch festgesetzt und abgeurteilt. 18 von ihnen erschoss die Bürgerwehr in einem unwürdigen, öffentlichen Schauspiel britischer Macht vor 15.000 Zuschauern. Der Rest wurde auf die Andamanen verbannt, fernab jeder Zivilisation.

Ihren Opfern aber gedachte der Staat, machte sie zu Helden. Nach dreien wurden Straßen benannt. Auf der linken Seite des Hauptschiffs der St.-Andrews-Kathedrale hängen Tafeln, die an die erschossenen Soldaten und Offiziere erinnern. Und Lauterbach? Der floh im Trubel mit 34 inhaftierten Deutschen. Über Indonesien, die Philippinen, China, Amerika und Norwegen gelangte er schließlich im Oktober 1915 wieder nach Deutschland, wo er sich als Abenteurer feiern ließ.

Adresse in der St Andrew's Cathedral, 11 St Andrew's Road, Singapur 178959 (Kolonialviertel) | **ÖPNV** MRT NS 25/EW 13 City Hall | **Öffnungszeiten** täglich 9–17 Uhr | **Tipp** Der Blick von der Ecke Coleman Bridge/Promenade am Singapore River garantiert ein großartiges Foto: die Shophouses am Quay, dahinter die Skyline der Wolkenkratzer.

75___Der Po Chiak Keng Temple
Wo jede Klaue zählt

Der Duft, das Rot, das Gold ... Der Po Chiak Keng Temple besticht aber nicht nur durch die sinnliche Erfahrung. Er ist ein lebendes Museum, das unendlich viele Legenden und Geschichten bietet. Bis 1982 kannten nur jene sie, die den Nachnamen Tan trugen. Nur ihnen war erlaubt, den Tempel zu besuchen, denn er gehörte zum Tan-Clan der Diaspora.

Bauherren waren vor mehr als 100 Jahren Tan Kim Ching und Tan Beng Swee. Ching war der Sohn des Philanthropen Tan Tock Seng, nach dem heute eines der großen Krankenhäuser der Stadt benannt ist. Swees Vater stiftete Geld für die Wasserversorgung Singapurs. Die beiden Söhne ließen den Po Chiak Keng Temple errichten, der zugleich als Clan-Haus diente. Am wichtigsten aber war vielleicht die dritte Funktion des Bauwerks: Hier wurden Auseinandersetzungen unter den Tan-Familien beigelegt, der Tempel war Sitz eines Schiedsgerichtes. Daher auch sein Name: Po Chiak Keng steht für den Beschützer der Unschuldigen.

Um die Öffnung für alle gab es sogar noch 2007 einen Prozess – einige Mitglieder des Tan-Clans klagten, verloren aber. Letztlich passt das zu Singapur, wo Religionen offen gelebt und untereinander geachtet werden. So hatten der Überlieferung nach die Tans das Baugrundstück von jeweils einem indischen, einem malaiischen und einem chinesischen Geschäftsmann überschrieben bekommen.

Der Bau selbst ist einzigartig in Singapur. Drei Räume bilden die Eingangshalle. Schnitzereien in den Holzpfosten und der Weihrauchtopf mit seinen Drachen finden sich oft in Südchina. Wer genau hinsieht, entdeckt aber, dass die beiden Granit-Drachen am Eingang nur jeweils drei Klauen an den Füßen tragen. Dies bezeugt, dass der Kaiser im fernen Peking den Tempel nicht in Auftrag gegeben hatte – sonst müssten die Drachen fünf Klauen besitzen.

Adresse 15 Magazine Road, Singapur 059568 (River Valley) | **ÖPNV** MRT NE 5 Clarke Quay | **Öffnungszeiten** immer zugänglich | **Tipp** Nightlife: Das Zouk am Clarke Quay ist ein hipper Ort zum Clubben, es ist auch Veranstalter der legendären jährlichen Zouk Out Sentosa Beach Party.

76 Die Presbytarian Church
Curry mit Einlage

Friedlich liegt sie da, die kleine Presbytarian Church schräg gegenüber dem Präsidentenpalast an der Penang Road. Niemand ahnt, dass der christliche Friede hier wohl durch eine Gräueltat empfindlich gestört wurde. Deren Zutaten: eine Eisenstange, eine verschwundene Leiche und ein riesiger Kochtopf, gefüllt mit Curry.

Doch der Reihe nach. Hinter der Kirche lebte der Hausmeister Ayakanno Marimuthu mit seiner Frau und drei Kindern. Im Sommer 1984 verschwand der Inder spurlos. Seine Frau meldete ihn als vermisst, aber die Polizei konnte ihr nicht helfen. Erst drei Jahre später erfuhr ein Polizeioffizier von dem Gerücht, Marimuthu sei in der Kirche umgebracht worden. So weit, so schlimm. Nach dem Mord sollen die Täter den Leichnam fachgerecht zerlegt haben. In der Kantine der Kirche hätten sie in einem großen Topf aus den Einzelteilen ein Curry mit Reis zubereitet. Das hätten sie dann portioniert und – nein, Gott sei Dank nicht serviert, sondern in Plastiktüten gefüllt in öffentliche Mülleimer geworfen, verteilt über die ganze Stadt.

Stimmt die Geschichte, braucht sich niemand zu wundern, warum vom damals 37-jährigen Hausmeister nie mehr eine Spur gefunden wurde. Auch Topf und Eisenstange, mit der das Opfer erschlagen worden sein soll, wurden nie gefunden. Geboren aber war die Geschichte vom »Curry Murder«. Wie immer in guten Geschichten verschwimmen die Fakten – mal war das Opfer nur 34 Jahre alt, mal 38, mal heißt er Ayakannu. Das aber macht nichts, denn der Grusel des Curry schlug selbst die Fernsehmacher in seinen Bann. 1995 widmete die Television Corporaton of Singapore dem Fall eine Folge ihrer Serie »Doctor Justice«. Und die Täter? Sie wurden nie überführt. Zwar wurden Marimuthus Frau und drei ihrer Brüder 1987 wegen Mordes angeklagt. Nachweisen aber konnte man ihnen nichts, und so kamen sie wieder auf freien Fuß – die Brüder allerdings erst nach vier Jahren.

Adresse Orchard Road Presbytarian Church, 3 Orchard Road, Singapur 238825 (Zentrum) | **ÖPNV** MRT NS 24/NE 6/CC 1 Dhoby Ghaut | **Öffnungszeiten** So ab 9 Uhr, Gottesdienst der deutschsprachigen evangelischen Gemeinde: ab 16.30 Uhr | **Tipp** Sehr ausgefallene Singapur-Souvenirs von jungen örtlichen Designern gibt es bei Naiise in der Shopping Mall Orchard Gateway an der 277 Orchard Road.

77 Pulau Semakau
Phönix aus der Asche

Zugegeben: Semakau ist nicht einfach zu erreichen. Doch diese Insel vor der Insel ist etwas Besonderes, hier erwächst etwas Neues wortwörtlich wie Phönix aus der Asche. Denn die Insel ist auf Müll gebaut. Oder besser, auf dessen Asche. 550 Tonnen davon bringen die Schuten täglich in die badezimmergrün gestrichene, riesige Halle am Kai von Pulau Semakau. Sie ist vom Singapurer Ufer aus in der Ferne zu sehen. In der Halle schaufeln Bagger die Asche auf Laster, die sie zu einer Abwurframpe bringen. Monat für Monat rückt diese weiter vor, Monat für Monat wächst Semakau.

Einst lag auf Pulau Semakau, gut sieben Kilometer vor Singapurs Küste, ein kleines Fischerdorf, auf Stelzen gebaut. Einen Steinwurf weiter gab es noch Pulau Sakeng mit einem Mini-Polizeiposten. Die Bewohner wurden 1987 umgesiedelt, um die Inseln zu einer einzigartigen Lagerstätte zu machen. Ein sieben Kilometer langer Damm verbindet die Eilande seitdem und lässt sie zusammenwachsen. Seit 1999 wird hier Asche aufgeschüttet. Bis 2035 soll der Platz reichen.

Doch wäre es schade, und Singapur wäre nicht Singapur, wenn die neue Insel zu nichts mehr dienen würde. Sicher, es gibt hier eine kleine Fischfarm für Barramundi. Dann aber kam Singapur auf die Idee, auf der abgelegenen und doch so nahen Fläche Ingenieure erforschen zu lassen, wie man grüne Energie erzeugen und in kleine, unabhängige Netze einspeisen kann. Deshalb steht auf Semakau auch Singapurs erstes Windrad, das immerhin 42 Meter hoch ist. Sonnenkollektoren, Gezeitenkraftwerk und nachwachsende Rohstoffe kommen hinzu, wohl auch eine Meerwasserentsalzungsanlage. Die Bedingungen sind hart – Hitze, Feuchtigkeit, Tropenstürme und ein paar Ratten setzen den Forschern und ihren Anlagen zu. Am Ende aber wird hier erprobt, Tausende Inseln in Asien zu elektrifizieren – und das ganz ohne die umweltschädlichen Dieselgeneratoren.

Adresse Insel südwestlich vor Singapur, von vielen Stellen der Westküste aus zu sehen, etwa Labrador Park oder Sentosa | **ÖPNV** Fähren starten vom Marina South Pier, Westcoast Pier oder Pasir Panjang Ferry Terminal (400 SGD), kostenlose Touren werden nur von der National Environment Agency (NEA) angeboten, mindestens drei Wochen vorher anmelden unter www.nea.gov.sg | **Tipp** Die Marina Barrage, das Stauwehr zur Marina Bay, bietet neben viel Platz zum Drachensteigenlassen auch eine Galerie zu Singapurs ökologischer Nachhaltigkeit (8 Marina Gardens Drive).

78__Der Qi Tian Gong Temple
Der Affe schützt sein Viertel

Ein Gebäude an der Ecke einer Straßenkreuzung, von zwei Seiten zugänglich, Stühle und Tische auf dem Bürgersteig. In Berlin oder Sydney säße in solch einer Lage eine Kneipe. In Singapur aber residiert hier seit fast hundert Jahren der Affenkönig Sun Wu Kong. Und wehe, man zweifelt an ihm und seinem Sitz.

Die Räucherstäbchen duften, die Öllampen flackern. Der Qi Tian Gong Temple brilliert mit vielen Details und gut zehn Statuen des mutigen und großzügigen Königs aus einer Fabel, der längst gottgleich ist. Der Affe steht für Macht, Intelligenz und Kraft.

Während des Krieges schlug eine japanische Bombe in die Straßenkreuzung ein. Die Häuser rundherum wurden schwer beschädigt. Ein riesiger Krater klaffte in der Mitte. Nur der Tempel blieb unversehrt. Was braucht es mehr als Beweis für die Stärke des Gottes?

Er ist ein Sinnbild des Viertels, in dem er steht. Tiong Bahru ist ursprünglich, eine der schönsten Gegenden der Stadt. Denn das Viertel ist ein Spätzünder. Bis zum Krieg war es nicht viel mehr als ein Kampong, ein Dorf, mit offenen Abwasserkanälen. Dann kam der soziale Wohnungsbau, die heute so begehrten Art-déco-Häuser entstanden. Immer noch besitzen viele Wohnungen Originalfenster und alte Türen. Die Menschen tauften die modern wirkenden Gebäude »puay kee chu« – die »Flugzeughäuser«, denn ihre Architektur erinnerte an Flugzeuge oder den Kontrollturm am alten Flughafen Kallang.

Heute leben hier Alt und Jung, Reich und Arm, Singapurer und Zugezogene im besten Einvernehmen. Selbst der Name des Viertels ist zusammengesetzt aus Hokkien und Malay. Er steht für »neue Gräber« – vor den 1920er Jahren lag hier im Mangrovenwald ein Friedhof. Noch in den 70er Jahren kostete ein Haus in Tiong Bahru nur 18.000 Dollar. Inzwischen werden für eine Schuhkarton-Wohnung mehr als eine Million Dollar verlangt. Gut, dass die Hüter des Affentempels sein Haus schon 1985 erworben haben.

Adresse 44 Eng Hoon Street, Singapur 169786 (Tiong Bahru) | **ÖPNV** MRT EW 17 Tiong Bahru | **Öffnungszeiten** täglich 7–17 Uhr | **Tipp** In Singapur gilt: Je länger die Schlange, desto besser das Essen! Deshalb einreihen bei Loo's Hainanese Curry Rice (71 Seng Poh Road).

79 Die Raffles-Statuen
Der schwarze und der weiße Mann

War Singapurs britischer Gründer Sir Stamford Bingley Raffles in Wirklichkeit ein Schwarzer? Ganz sicher nicht. Und doch glaubten die Malaien, die Ende Juni 1887 der Enthüllung der ersten Statue des Stadtgründers beiwohnten, genau dies. »Er war einer von uns«, sollen sie damals erstaunt ausgerufen haben. Kein Wunder: Die Statue des Entsandten der East India Company war kohlrabenschwarz.

Ein zweiter – weißer – Raffles steht nur einen Steinwurf weit entfernt am Landeplatz der Briten am Singapore River. Er ist sozusagen der offizielle Raffles. Die kleinere schwarze Figur wurde erst 1919 an ihren heutigen Platz vor die Victoria Theatre and Concert Hall verlagert. Schwarz und Weiß sollte hier noch einmal eine Rolle spielen: Genau an diesem Platz kamen die Singapurer 1963 in den Genuss, eine erste Schwarz-Weiß-Sendung ihres neuen Fernsehsenders auf 17 Fernsehgeräten verfolgen zu können. Der Film »TV looks at Singapore« dauerte eine Viertelstunde, gut 500 Menschen sollen zur Premiere erschienen sein.

Der schwarze Raffles hatte Glück, ihr beiwohnen zu dürfen. Denn die japanischen Besatzer der Stadt wollten ihn 1942 einschmelzen. Nur dem mutigen japanischen Leiter des Nationalmuseums ist es zu verdanken, dass er die Okkupation überstand: Der nämlich berichtete gen Tokio, die Statue sei zerstört. In Wirklichkeit hatte er sie im Keller des Museums eingelagert. So konnte der dunkle Raffles 1946 erneut aufgestellt werden.

Kurz darauf aber wollte sogar die immerwährende Regierungspartei Singapurs den Gründer ihrer Stadt loswerden. Auf dem Höhepunkt der antikolonialen Bewegung plante die People's Action Party, die Erinnerung an die Kolonialherren auszulöschen. Gott sei Dank entschieden sich die nüchterneren Politiker der Partei dagegen, die eigene Geschichte zu leugnen. So konnten Schwarz und Weiß aufatmen. Größere Gefahren drohen ihnen nach rund 200 aufregenden Jahren derzeit wohl nicht.

Adresse an der Raffles Landing Site am Quay vor dem Old Parliament House, 1 Old Parliament Lane, und vor der Victoria Theatre & Concert Hall, 9 Empress Place, Singapur (Kolonialviertel) | **ÖPNV** MRT NS 26/EW 14 Raffles Place | **Tipp** Am Quay kann man in eines der malerischen, mit roten Lampions bestückten Bumboats einsteigen und eine Rundfahrt auf der Marina Bay machen. Besonders romantisch ist das nachts.

80_Das Roast Paradise
Per Schweinebauch ins Paradies

Die Ladenfront des Röst-Paradieses misst keine zwei Meter. Hinter der Scheibe hängen vor Fett und Marinade glänzende Schweinebäuche. An der Scheibe kleben Zeitungsausrisse, die das Char Siew, was hier serviert wird, in den Himmel loben. Und vor dem Stand stehen ab halb zwölf mittags mindestens zehn Leute Schlange, die sich für 3,80 Singapur-Dollar etwas Gutes gönnen wollen.

Denn gut schmeckt es im Roast Paradise. Der Hawker, wie in Singapur die Imbissstände auf den Fressmärkten heißen, ist typisch für die Stadt. Essen verbindet, Freundschaft geht hier durch den Magen. Oder, wie Singapurs freundlichstes Aushängeschild, der Ambassador-at-large Tommy Koh, sagt: »Einer der Klebstoffe, die uns als junges Land mit verschiedenen Ethnien und Religionen zusammenschweißen, ist unsere Straßenküche.«

Deren Gesicht könnte Yu Zhen Kai sein. Der junge Mann schuftete erst bei Kentucky Fried Chicken, dann unterhielt er schwerreiche Männer mit leichten Mädchen. Schließlich aber lernte er bei seinem Onkel in Malaysia ein richtiges Handwerk: Schweinebauch so zu rösten wie kein anderer. Bei 400 Grad, über drei Stunden, im Ofen aus China. Und dann in eine Marinade zu tunken, die aus 18 Zutaten besteht und deren Rezept er eines Tages mit ins Grab nehmen wird.

Damit ist Yu einer der typischen Hawker der Stadt. Bislang arbeiten bei ihm vier Helfer auf den sechs Quadratmetern seiner Miniküche, allesamt ehemalige Häftlinge. Die Miete kostet ihn rund 3.000 Singapur-Dollar im Monat, Steuern brauchen die Hawker im Stadtstaat nicht zu zahlen – ihre Kunst gilt sozusagen als förderungsfähiges Kulturgut Singapurs. Und weil der Ansturm auf seine Spezialität – wie die meisten Hawker bietet Yu nur ein Gericht an – so groß ist, kann er überleben. Dafür aber schuftet er von morgens um sechs bis abends um zehn. Und träumt dabei davon, eines Tages ein Küchenimperium aufzubauen.

Adresse 51 Old Airport Road, #01-121 Old Airport Road Food Centre, Singapur 390051 (Katong) | **ÖPNV** MRT CC 8 Dakota | **Öffnungszeiten** Di – So 11 – 19 Uhr | **Tipp** Künstler, Kurse, Ausstellungen – das Goodman Arts Centre (90 Goodman Road) bietet all das und dazu noch ein probierenswertes italienisches Restaurant und ein Künstlercafé (www.goodmanartscentre.sg).

81 Die Sandreserve
Dünen in der Stadt

Unter dem Pflaster liege der Strand, wurde uns einst versprochen. In Singapur liegt der Strand da, wo er hingehört – am Meer. Nur die einzige Düne Singapurs, die liegt mitten in der Stadt. Am Bedok Reservoir, dort wo man sich als Singapurer ins Wasser stürzt, wenn man am Leben verzweifelt, erheben sich riesige Sandberge. Hochlaufen oder runterrodeln ist allerdings strengstens untersagt. Ein doppelter grüner Zaun und viele Kameras halten Dünenkletterer ab. Das hat seinen Grund: Dieser Sand ist Singapurs Zukunft.

So steht denn auch auf einem Schild am Eingang des Geländes, dies seien die Reserven der HDB. Das Kürzel steht für Housing Development Board, wird aber umgangssprachlich für die Sozialbauten genutzt. 85 Prozent der Staatsbürger besitzen eine dieser Wohnungen, die die Regierung massiv gefördert hat. Um sie weiterhin bauen zu können, braucht Singapur Sand. Der aber ist in Asien aufgrund des Baubooms inzwischen zum knappen Gut geworden. In Myanmar, Kambodscha, Vietnam oder Indonesien graben Sanddiebe die Strände und Flussbetten illegal ab. Die Regierungen versuchen, das zu verhindern. Die Preise für Sand schießen durch die Decke. Und Lieferungen nach Singapur wurden schon bestreikt.

Daraus hat die Regierung gelernt und sich eine Sandreserve angelegt. Schließlich will der Staat weiter wachsen. Seit seiner Gründung hat er durch Landgewinn rund ein Viertel an Größe zugelegt – auch dafür wird Sand gebraucht. So ist praktisch der gesamte Finanzdistrikt Singapurs jenseits der Beach Road auf gewonnenem Land errichtet – die Banken der Finanzmetropole sind sprichwörtlich auf Sand gebaut.

Unabhängig von der strategischen Sandreserve in Bedok nutzt Singapur immer öfter auch den Aushub aus dem Tunnelbau des rasch weiter wachsenden U-Bahn-Netzes, um vor den Küsten Land zu gewinnen. Das Gold, das Singapur schürft, ist also manchmal nichts als schnöde Erde.

Adresse Tampines Avenue 10 in Höhe Bedok Reservoir, Singapur 529771 (Bedok) | **ÖPNV** MRT EW 5 Bedok, dann Bus 137 bis Before Barclay Viaduct | **Öffnungszeiten** nur von außen zu besichtigen | **Tipp** Für den Abenteuergeist – der Kletterpark Forest Adventure im Bedok Reservoir bietet neben Kletterparcours in den Bäumen auch eine Drahtseilrutsche über den See.

82 Die schottische Markthalle
Alte Liebe rostet nicht

Wo liegt das Zentrum Singapurs, wo schlägt sein Herz? In Fort Canning, wo Stadtgründer Raffles residierte? Rund um das Parlament? Vielleicht in der Istana, dem Regierungspalast? Alles falsch. Es ist Lau Pa Sat, der alte Markt. Denn Singapur wechselte zwar einige Machthaber und Regierungsformen. Aber seit seiner Gründung war es immer ein Handelsplatz. Und als solcher ist die Tropeninsel nicht zu übertreffen – hier wird alles umgeschlagen, was sich nicht wehrt: von Finanzderivaten bis zu Fisch, von Weizen bis zu Waffen. Deshalb ist der Markt im Herzen der Stadt deren Zentrum.

Der erste wurde 1823 im China-Viertel gebaut: Der Telok Ayer Market muss eine wackelige Holzkonstruktion an der Market Street auf Stelzen im Wasser gewesen sein. Als 1879 Land für das Wachstum der Stadt gewonnen wurde, zog er um Richtung Collyer Quay und wurde zweistöckig. Der Ingenieur James Mac Ritchie – nach dem einer der Stauseen benannt ist – baute dann 1894 eine Konstruktion aus Stahlbögen, die in Schottland geschmiedet wurden. Es entstand eine achteckige Halle, zu allen Seiten offen und damit luftig. Erst 1989 wurde der Markt in Lau Pa Sat umgetauft, das in Hokkien genau das heißt, was das Haus ist: »Alter Markt«.

Seit 1973 ist Lau Pa Sat ein Fressmarkt in der Mitte des ständig wachsenden Finanzviertel Singapurs. Allerdings musste er einpacken, als eine U-Bahn-Linie gebaut wurde. Da Singapur Gott sei Dank den Wert der alten Konstruktion aus Eisen damals schon erkannt hatte, wurden die Träger für ein paar Jahre eingemottet. Heute gilt der renovierte Markt mit den echten alten Trägern und verzierten Stützbögen aus Glasgow längst als Ikone der Kolonialzeit. Seitdem die Ventilation verbessert wurde, brummt auch das Geschäft wieder. Bis zu 20.000 Gäste sitzen Tag für Tag unter der schottischen Eisenkonstruktion und genießen die tropische Hawker-Küche.

Adresse Lau Pa Sat, 18 Raffles Quay, Singapur 048582 (Central Business District) | **ÖPNV** MRT NS 26 / EW 14 Raffles Place, DT 17 Downtown | **Öffnungszeiten** täglich rund um die Uhr | **Tipp** Sein »grünes« Essen ausgewogen und lecker selber zusammenstellen kann man bei Grain Traders in der 138 Market Street.

83 Die Schulwandgemälde
Ice Ball und Army Market

Wie Fenster in ein vergangenes Leben wirken die bemalten Wände an der früheren Sino-English Catholic School. Sie zeigen Szenen aus Singapur zwischen den 30er und 60er Jahren des vergangenen Jahrhunderts. Im Sommer 2016 kam sogar ein Staatssekretär, um sie einzuweihen. Stadt und Regierung bemühen sich, die Traditionen zu erhalten. So wollen sie ein Gemeinschaftsgefühl unter den Singapurern schaffen.

Die farbigen Bilder zeigen das Ausleihen von Büchern in der längst abgerissenen Old National Library, das alte Odeon-Kino, in dem Generationen von Singapurern das Knutschen lernten, den Mum & Pop Shop um die Ecke, einen Army Market, wo es die Ausrüstung für den Wehrdienst gab, und einen Ice Ball – die süße, kalte Köstlichkeit, gefüllt mit Paste aus roten Bohnen, die Händler von ihrer Fahrradriksha in den 60er Jahren vor den Schulen verkauften.

Am interessantesten aber ist das Bild der Two Rails: Hier ist der Schienenstrang der aus Malaysia kommenden Eisenbahn zu sehen, daneben ein Porträt von Father Edward Becheras. Der französische Missionar gründete 1935 die Schule, die über Jahrzehnte hier ihren Sitz hatte. Der bärtige Mann sprach davon, dass der Weg seiner Schule ein zweigleisiger sei: Die Kinder sollten gleichermaßen in Englisch wie in Mandarin ausgebildet werden – heute würde man es schlicht bilinguale Erziehung nennen.

Die Sino-English Catholic School ist 1992 nach Bishan umgezogen, heißt nun Catholic High School und verzeichnet den Singapurer Ministerpräsidenten Lee Hsien Loong als ehemaligen Schüler. Bis zum Umzug aber lag sie auf dem Gelände der Church of Saints Peter & Paul. Sie gilt als Zentrum der chinesischen Katholiken der Stadt. Auch hier ist der französische Einfluss der Missionare zu spüren: Die bunten Glasfenster und die Glocken wurden aus Frankreich nach Singapur gebracht. Und die Schüler von Father Becheras nutzten den Kirchhof für den Sportunterricht.

Adresse an der Sino-English Catholic School, 51 Waterloo Street, 187969 (Bugis) | **ÖPNV** MRT CC 2 Bras Basah | **Tipp** Schöner Essplatz: Das »Artichoke« (161 Middle Road) ist ein kleines Restaurant mit Innenhof und Gerichten aus dem Mittleren Osten.

84 Der Schwarze Elefant
Des Königs Liebe zu Singapur

Warum nur steht ein niedlicher, kleiner Bronzeelefant auf einem Sockel vor dem Old Parliament House? Wo es früher zwar Löwen und Tiger, aber doch gar keine Elefanten in Singapur gab, an die er hätte erinnern können?

Beim Nähertreten kann der interessierte Betrachter die Antwort auf dem Sockel lesen, sogar in vier Sprachen, Thai, Jawi, Chinesisch und Englisch: Das Elefantendenkmal ist ein Geschenk des damaligen Königs von Siam an Singapur. Er wollte sich damit für seinen ersten Besuch im Jahr 1871 bedanken.

König Somdetch Phra Paramindr Maha Chulalongkorn, oder kurz König Rama V., war ein reisefreudiger und aufgeschlossener Regent. Vor ihm war noch nie ein thailändischer König außerhalb seines Landes gewesen. Auch nicht sein Vater, der, dargestellt von Yul Brynner im Hollywood-Film »Der König und ich«, in der westlichen Welt bestens bekannt ist.

Sein Sohn liebte Singapur, war oft hier und brachte viele neue, fortschrittliche Ideen mit zurück nach Thailand. Telefon, Elektrizität, Eisenbahnen, Krankenhäuser. Und nicht zuletzt die englische Sprache. Der für seine Zeit moderne König bescherte dem Land das »Goldene Zeitalter von Siam«. Er schickte sogar seine Kinder zur Ausbildung an die Raffles Institution, war wohltätiger Spender. Und er bewies große Weitsicht, als er ein Grundstück an der Orchard Road kaufte. Seine Landsleute warnten ihn und schüttelten hinter seinem Rücken den Kopf. Heute können sie ihm auf Knien danken: Damals weit draußen auf den Muskatnussplantagen gelegen, ist das Land heute mitten im Zentrum der Stadt ein Vermögen wert. Es beherbergt die Königlich Thailändische Botschaft.

An die Liebe des Königs zu Singapur soll der freundliche kleine Elefant erinnern. Von seinem Sockel aus schaut er auf den Padang, den großen alten Platz im Mittelpunkt der kolonialen Stadt. Eine viel prominentere Stelle hätte er sich nicht aussuchen können.

Adresse vor dem Old Parliament House, 1 Old Parliament Lane, Singapur 179429 (Kolonialviertel) | **ÖPNV** MRT NS 25 / EW 13 City Hall | **Tipp** Im Timbre@The Arts House spielen lokale Live-Bands auf, man sitzt dabei im Restaurant oder der Bar mit einem schönen Blick auf die Mündung des Singapore River.

85 Der Schweizer Club
Schöner Schwimmen auf Staatskosten

Die Schweizer hören das natürlich nicht gern. Aber irgendwie erinnert ihr Clubhaus an ein Zwergenhaus. Rote Fensterläden, Türmchen, drum herum alte Bäume. Dabei werden hier schon mal Millionen bewegt. Denn zum einen ist der Club, spätestens seit der Zusammenführung mit dem Deutschen Club, gut betucht. Zum anderen haben Mitglieder, die für Roche, DKSH, UBS, Nestlé und Co. arbeiten, Geld.

Nicht immer aber lief es für die Schweizer glatt in Singapur. Ihr erstes Clubhaus, damals noch eine Holzhütte am dazugehörigen Schießstand, bauten sie auf einem Grundstück, das dem chinesischen Handelshaus Whampoa gehörte. Bald mussten sie umziehen. Fast 30 Eidgenossen kauften dann für 3.750 Straits-Dollar das Gelände französischer Missionare und weiteres Land für einen Pool am Hügel Bukit Tinggi. Zur Eröffnung 1902 gab es ein Sechs-Gänge-Menü, und die 3. Madras Light Infantry Band spielte auf. 1909 aber brannte das Haus ab. Die Umstände wurden nie geklärt. Zuvor war freilich Syed Abdul Kader Alsagoff, Scheich und Mitbesitzer des Raffles Hotels, erschossen worden – mit Schweizer Munition aus einer Schweizer Pistole. Der Verdacht fiel auf einen malaiischen Wachmann des Clubs, der entlassen worden waren. Sollte er sich gerächt haben?

Der dritte Versuch war ein schönes Holzhaus. Erst 1927 wurde es durch den noch heute stehenden, märchenhaften Bau des Schweizer Architekten Heinrich Rudolf Arbenz ersetzt. Es war überaus modern, mit elektrischem Licht und Umkleidekabinen. Die Eidgenossen aber wären keine Schweizer, hätten sie nicht gespart, wo es ging: Ihren riesigen Pool ließen sie sich von der britischen Stadtverwaltung finanzieren. Denn ihr machten sie weis, dass er der Trocknung des von Malaria-Mücken verseuchten Gebietes diente.

Längst ist das Haus Mittelpunkt des Geländes mit Schweizer Schule, Pool, Tennisplatz und einem modernen Gästehaus. Gemütlich ist es trotzdem, und Rösti gibt es auch.

Adresse 36 Swiss Club Road, Singapur 288139 (Bukit Timah) | **ÖPNV** MRT DT 17 Sixth Avenue, dann mit dem Taxi | **Öffnungszeiten** Anfragen unter www.swissclub.org.sg | **Tipp** Violet Kwan ist die Grande Dame der Kuchenbäckerinnen, in ihrem Lana Cake Shop (36 Greenwood Avenue) gibt es köstliche Torten nach alten Familienrezepten.

86 Die SG50 Markers
Vergoldeter Weg aus dem Gestern ins Morgen

Fuß drauf, weitergehen. So ergeht es den Plaketten, die in der Innenstadt in den Boden eingelassen sind. Sie markieren den bislang wichtigsten Jubeltag der jungen Republik: Am 9. August 2015 feierte der Stadtstaat sein 50. Gründungsjubiläum. Die Kurzform dafür lautete SG50 – was sich nun auf den runden Bronzeplaketten wiederfindet, gemeinsam mit dem Schriftzug »Singapores Golden Jubilee«.

Geschätzt fast zwei Millionen Menschen nahmen an den Jubiläumsfeierlichkeiten teil. Die reichten vom besten Jubiläums-Nachtisch bis zum größten Feuerwerk, von einem zusätzlichen Feiertag über eigens gedruckte Geldscheine bis zu einer Goodie-Bag je Haushalt, die auch Radiergummis mit der Landesflagge enthielt. Ein Herz-Stadtplan wurde aus den Beiträgen von 80.000 Teilnehmern erstellt, die ihren Lieblingsplatz in Singapur offenlegten: Die 50 meistgenannten Orte, unter ihnen der Flughafen Changi, wurden mit einem roten Herz als »Heimatort« gekennzeichnet.

Das Jubiläum war aber viel mehr als eine überdimensionale Feierstunde: Die Politik nutzte es, um dem jungen Staat ein Nationalgefühl zu stiften. So ließen die Stadtväter einen acht Kilometer langen Jubilee Walk ausweisen, der zu 25 – meist historischen – Sehenswürdigkeiten führt. Er beginnt am National Museum und verläuft entlang der Kolonialgebäude bis zum Stauwerk der Marine Barrage am Ende der Gardens by the Bay. Nicht überall, aber gerade entlang der Marina Bay weisen die Plaketten im Boden die Richtung. Sie ähneln den goldenen »Stolpersteinen« des Künstlers Gunter Demnig, die in vielen Städten an die Vernichtung der Juden erinnern – nur dass die goldenen Plaketten in Singapur ein Grund zur Freude sind. Denn auch wenn die Kolonialgebäude auf dem Jubiläumsweg gefeiert werden, dominiert zu Recht der Stolz auf das, was Singapur seit seiner Unabhängigkeit 1965 aus sich gemacht hat.

Adresse überall im Kolonialviertel, Singapur 038981 | **ÖPNV** MRT CC 3 bis Esplanade | **Tipp** Am Wochenende gibt es kostenlose Auftritte von lokalen Bands, klassischen Orchestern oder Theater im Outdoor Theatre am Wasser vor der Musikhalle Esplanade (1 Esplanade Drive).

87 Die Sky Garages
Schöner Wohnen mit Parkplatz im Himmel

Es gibt Menschen, die mögen ihr Auto. Es gibt Menschen, die lieben es sogar. Und es gibt Menschen, die lieben es so sehr, dass sie sich auch nachts kaum davon trennen mögen. Sie parken in Sichtweite, ab und an fällt der Blick aus dem Wohnzimmerfenster auf den Boliden. In Singapur funktioniert das sogar, wenn man im Hochhaus wohnt.

KOP Properties hat das erste Appartement-Hochhaus in Asien gebaut, in dem die Superreichen ihre Autos in schwindelnder Höhe parken können. Zwei gläserne Außenaufzüge des Systems Multiparker 720 des schwäbischen Anlagenbauers Wöhr heben sie mit 2,8 Metern in der Sekunde auf das Parkdeck, das zu jeder Wohnung gehört. Dort trennt nur eine Glasscheibe das Wohnzimmer von der Doppelgarage. So kann, wer etwa im Fernsehen die Übertragung der Formel 1 schaut, den Blick immer wieder über das eigene Blech schweifen lassen.

Das Gebäude liegt im Zentrum Singapurs. Deshalb lassen auch andere die Blicke wandern: Die Architekten von AMA Architects bauten das ehemalige Hotel so um, dass die beiden gläsernen Automobil-Aufzüge an der linken und rechten vorderen Ecke des Hochhauses liegen. Nachts werden sie in allen Farben des Regenbogens erleuchtet. Saust ein Maserati gen Himmel, schauen ihm auch die abgebrühten Singapurer Taxifahrer nach. Sie wissen, dass hier echte Werte gehoben werden: Die beiden Aufzüge bewegen jeden Tag rund eine Viertelmilliarde Euro herauf und herunter.

Oben angekommen, haben die Eigentümer aus Sicherheitsgründen keine Möglichkeit, ihre Wagen auf der anderen Seite der riesigen Glaswand zu berühren – die orangen Lamborghinis wirken wie schlafende Echsen in einem Terrarium. Einkaufstüten ausladen? Geht nicht mehr. Wagen waschen? Sowieso nicht. Dennoch haben die Luxuswohnungen ihren Preis: 10 Millionen Singapur-Dollar aufwärts kosteten die Appartements mit 250 Quadratmetern nach dem Umbau 2010.

Adresse Hamilton Scotts, 37 Scotts Road, Singapur 228229 (Zentrum) | **ÖPNV** MRT NS 21 / DT 11 Newton | **Tipp** Saubere Geschäftsidee: Holistic Sneaker Laundry im Wheelock Place (501 Orchard Road) wäscht Designersneaker. Der Bedarf scheint vorhanden zu sein.

88 Die Sojasoßen-Fabrik
Jahre des Reifens

Meister Woo und seine Großfamilie hüten ein köstliches Erbe: Sojasoße. Kaum jemand stellt sie in Singapur noch auf traditionelle Art her. Denn das ist sehr arbeits- und zeitintensiv. Die Manufaktur hält das nicht ab – auch in Zeiten der Gewinnmaximierung lässt sich Woo nur von der höchsten Qualität der Produkte leiten. Und er will die Familientradition weiterführen.

Zur Fabrik finden nur Eingeweihte. Sie liegt in einem der vielen kleinen Gewerbegebiete Singapurs. Doch der Besuch lohnt, denn hier wird in Handarbeit eine der besten Sojasoßen der Welt produziert und verkauft.

Vor 74 Jahren brachte der Großvater das Rezept aus China nach Singapur. Bis heute werden die Soßen genauso hergestellt wie damals: Die Bohnen werden gedämpft und in einem Gemisch aus Mehl und einem Fermentationspilz gewälzt. Das ist harte körperliche Arbeit, die Männer rühren die Bohnen mit beiden Armrn um. Später füllen sie den Brei in Fässer, begießen ihn mit Salzlake. Dann tut die Tropensonne ihre Arbeit: Bei geschlossenem Deckel bleiben die Fässer zum Fermentieren in der Hitze stehen.

Je länger, desto besser. Denn erst das bringt den vielschichtigen Geschmack. Genau wie bei gutem Wein oder Käse. Bei Familie Woo reift die helle Sojasoße ein Jahr, die dunkle anderthalb Jahre. Der Hof der Manufaktur steht daher voller Reifungsfässer; seine schiere Grundfläche ist das Maß dafür, wie viele Liter gerade hergestellt werden.

Die billigen Soßen werden heute in zwei Tagen fermentiert. Zwei Tage gegen anderthalb Jahre – das macht den Unterschied. Die Kunden verehren jeden Tropfen von Woos Soße: Sie hat ihre Liebhaber gefunden und kann so in ihrer Feinschmeckernische überleben. Doch auch Familie Woo erkennt die Zeichen der Zeit: Der junge, studierte Woo hat das Sortiment diversifiziert und um andere Geschmacksrichtungen erweitert. Damit das köstliche Erbe auch in der nächsten Generation überlebt.

Adresse Kwong Woh Hing Soya Sauce Factory, 5 Defu Lane 9, Singapur 539247 (Paya Lebar) | **ÖPNV** MRT CC 12 Bartley, dann mit dem Taxi weiter | **Öffnungszeiten** Mo–Fr 8–17 Uhr, Sa 8–15 Uhr | **Tipp** Das Singapurer Luftverteidigungssystem wird interaktiv im Air Force Museum (400 Airport Road) dargestellt.

89 _ Das Solarfloß in Tuas
Sonne auf dem Wasser

Singapur liegt am Äquator. Hier scheint die Sonne. Und hier wird Energie verbraucht – für Licht und Waschmaschinen, besonders aber für Klimaanlagen. Nichts also liegt näher, als die Sonne anzuzapfen. Und natürlich versucht Singapur auch da, die Nase ganz vorn zu haben. Das »Sonneninstitut« Seris der Nationalen Universität erprobt deshalb Sonnenflöße auf dem Wasser – Dach kann ja schließlich jeder, und große freie Landflächen, wie etwa Indien oder Australien mit ihren riesigen Solarfarmen, hat die Tropeninsel nicht.

Die Idee der schwimmenden Solarfabrik ist vielversprechend: Gelänge es den Forschern im Stadtstaat, funktionierende Flöße mit Solarpaneelen zu bauen, könnte damit ein Teil der Stauseen abgedeckt werden. Das brächte gleich mehrere Vorteile: So würde die Temperatur der oberen Wasserschichten gesenkt und damit weniger Wasser verdampfen, zudem stünden viele Hektar Fläche zur Verfügung. Auch hoffen die Forscher, dass die niedrigere Temperatur unter den Solarpaneelen den raschen Algenwuchs auf den Gewässern in der Tropensonne bremst.

Zunächst probieren die Wissenschaftler die Materialien auf einem kleinen Floß direkt gegenüber dem Grenzübergang Tuas nach Malaysia aus. Das Ufer ist schwer zugänglich, in der Nähe liegen ein Golfclub und ein Trainingsgelände der Polizei. Die Paneele sind optimal auf die Tropensonne ausgerichtet, der gewonnene Strom wird schon genutzt. Klappt der Versuch, werden sehr bald auf vielen der Reservoirs Singapurs solche Sonnenflöße verankert werden. Die Wissenschaftler können sich vorstellen, dass ein Fünftel der Wasserfläche bedeckt wird.

Richtig interessant wird das Gewinnen von Energie auf der Wasseroberfläche aber erst dann, wenn es gelingt, ähnliche Anlagen auf dem Meer zu bauen. Natürlich will Singapur auch das schon bald ausprobieren. Wahrscheinlich vor der künstlich aufgeschütteten Insel Semakau.

Adresse im Tengeh Reservoir, Singapur 638410 (Tuas) | **ÖPNV** MRT EW 33 Tuas Link, dann Taxi, auf der Jalan Ahmad Ibrahim letzten U-Turn vor der Grenze Richtung Stadt nehmen und in die erste kleine Straße links abbiegen | **Öffnungszeiten** nur aus der Ferne zu betrachten, außer für Fachleute | **Tipp** Im Restaurant der nahen Raffles Marina lohnt es sich, zu sitzen und über Bootsmasten und Leuchtturm hinweg den Sonnenuntergang zu genießen.

90__Speakers' Corner
Reden, wenn's die Polizei erlaubt

Amos Yee ist eine traurige Berühmtheit in Singapur. Den einen ist der junge Singapurer, dem Ende März 2017 politisches Asyl in Amerika gewährt wurde, Ikone der Redefreiheit. Den anderen gilt er als jemand, der Hass und Ärger sät. Der Blogger hatte sich beleidigend über Singapurs Gründungsvater Lee Kuan Yew und einige Religionen geäußert. Der amerikanische Richter aber erklärte, Singapur »verfolgt Yee aufgrund seiner politischen Meinung«.

Einfach ist es nicht mit der Meinungs- und Redefreiheit in Singapur. Die Verfassung des Stadtstaates garantiert diese Rechte, allerdings darf die Regierung sie einschränken. Und das tut sie. Immer wieder kommt es zu Prozessen gegen Kritiker – und das obwohl beispielsweise der hoch angesehene frühere Botschafter Tommy Koh fordert, dass der Stadtstaat »Herausforderer, die subversiv sind und alternative Sichtweisen haben«, achten solle.

Singapur verweist bei Kritik gern auf Speakers' Corner im Hong Lim Park. Ein Holzschild über einer Parkbank markiert die Ecke am Rande des Finanzviertels. Dort kann man sagen, was man möchte – solange man seine Rede zuvor bei der Polizei angemeldet hat. Doch auch das ist nicht einfach, zum Beispiel, wenn alljährlich Lesben und Schwule dort am Pink-Dot-Tag auf ihre Anliegen aufmerksam machen. An anderen Orten der Welt kommt es am Tag von Mardi Gras zu großen Umzügen. So wie dort unterstützten auch in Singapur immer mehr Konzerne die »LGBT«-Gemeinschaft bei deren Auftritt in Speakers' Corner. Im Sommer 2016 aber forderte das Innenministerium, Ausländer sollten sich heraushalten. Diese Anordnung trifft globale Konzerne wie Goldman Sachs, Apple, Facebook, Microsoft oder Visa. »Unter den Regeln, die für Speakers' Corner für Veranstaltungen wie Pink Dot gelten, ist Ausländern nicht erlaubt, etwas zu organisieren oder dort zu sprechen oder an den Demonstrationen teilzunehmen«, erklärte das Ministerium. Punkt.

Adresse 20 Upper Pickering Street, Singapur 058284 (Chinatown) | **ÖPNV** MRT NE 4 / DT 19 Chinatown | **Tipp** Das Hotel Parkroyal on Pickering gegenüber mit seinen organischen Formen, begrünten Terrassen und Fassaden und überdimensionalen chinesischen Vogelkäfigen ist eine Architekturikone.

91 Die St. Andrews Cathedral
Maurer der Kokosnuss

Das Innere der Kokosnuss kann man essen. Man kann es in die Suppe raspeln oder in Schokolade gießen und zu Riegeln verarbeiten. Inder schleudern die Nuss vor ihrem Tempel auf den Boden, damit das weiße Fruchtfleisch ihre Reinheit bezeuge. Doch auch Maurer mögen die Nuss. Zumindest mochten sie sie in den vergangenen Jahrhunderten, wenn sie aus Indien kamen.

Die St.-Andrews-Kathedrale strahlt mit schneeweißen Wänden. Der Grundstein für das älteste Gotteshaus der Anglikaner in Singapur wurde 1856 gelegt. Die erste Kirche aber brannte nach zwei Blitzschlägen ab. Ihr Nachfolger wurde von indischen Sträflingen errichtet, die man hierfür in die neue britische Kolonie in den Tropen verfrachtete. Für den Putz nutzten sie eine Mischung aus Muschelkalk, Eiweiß, grobem Zucker (jaggery), Wasser und manchmal Zitronensaft, in die sie Kokosfleisch einrührten. Nach dem Aushärten wurden die Wände dann mit harten Steinen poliert und schließlich mit einem Pulver aus Speckstein bestreut, was den Wänden nicht nur eine weiche Oberfläche verlieh, sondern sie auch strahlen ließ. Diesen Madras Chunam, wie der Putz heißt, nutzten auch die tamilischen Baumeister der Serangoon Road, um dort Ornamente auf die Häuser aufzubringen.

1825 war die erste Gruppe von Sträflingen aus Südindien nach Singapur gekommen. Manche der Zwangsarbeiter durften nach dem Abarbeiten ihrer Strafe bleiben, andere wurden später auf die Andamanen verlegt. Angeleitet wurden sie bei den Arbeiten an einigen der Prestigebauten vom britischen Major und Ingenieur John Frederick Adolphus McNair. Er sah in ihnen wohl mehr als Arbeitssklaven: McNair hatte 1861 die Fotografie erlernt, und als er nach Singapur zurückkehrte, machte er Aufnahmen von »seinen« Häftlingen. Dann brachte er ihnen das Fotografieren bei. Und so dauerte es nicht lange, bis Menschen zum Gefängnis kamen, um sich von McNairs Sträflingen ablichten zu lassen.

Adresse 11 St Andrew's Road, Singapur 178959 (Kolonialviertel) | **ÖPNV** MRT NS 25 / EW 13 City Hall | **Öffnungszeiten** täglich 9–17 Uhr | **Tipp** Gegenüber liegt das Capitol Singapore mit drei denkmalgeschützten Gebäuden, vielen Läden, Restaurants und bald einem Luxushotel.

92 Die Steintreppe
Wenn Ziegelsteine erzählen

Pfeile können töten. Oder eine Richtung vorgeben. In Singapurs altem Botanischen Garten aber erzählen sie vor allem eine Geschichte – eine Geschichte von Leid und Hoffnung, von Stolz und Widerstand.

Nach 1942 zwangen die japanischen Besatzer Singapurs australische Kriegsgefangene, im Lager Changi Ziegel zu brennen. Die australischen Truppen hatten geholfen, die Stadt unter britischer Führung gegen den Ansturm der Japaner zu verteidigen. Nachdem sie überrannt wurden und Singapur kapitulierte, kam es zu fürchterlichen Szenen. Auch die Behandlung in den Lagern der Kriegsgefangenen war menschenunwürdig. Hunger, Durst und Folter waren an der Tagesordnung. Die Australier an den Ziegelöfen aber setzten dem etwas entgegen: Sie markierten ihre Steine. In jeden von ihnen ritzten sie vor dem Brennen einen Pfeil. Mal krumm, mal schief, mal groß, mal klein, mal sogar in beide Richtungen weisend. Aber immer waren die Pfeile gut zu erkennen. Warum? In den kolonialen Tagen wurde das Eigentum der Regierung oft mit Pfeilen markiert. So wiesen die Gefangenen darauf hin, dass sie derzeit »Eigentum« der japanischen Regierung waren.

Der Botanische Garten wurde ab dem 20. Februar 1942 von dem japanischen Geologen Hidezo Tanakadate geleitet. Er ließ eine Treppe von der heutigen Lower Ring Road zum Plant House anlegen. Dafür brauchte er die australischen Gefangenen als Arbeiter. Dass die meisten ihrer Steine gezeichnet waren, bemerkten die Bewacher wohl nicht. Zumindest verstanden sie die Aussage nicht.

Bekannt wurde der stille Protest erst gut ein halbes Jahrhundert später: 1995 besuchten acht ehemalige australische Kriegsgefangene Singapur, den Platz ihres Martyriums. Dabei drängten sie darauf, unbedingt die kleine Treppe im Botanischen Garten zu sehen. Als sie zu ihr gebracht wurden, zog ein Lächeln auf die Gesichter der alten Männer. Und sie begannen zu erzählen …

Adresse im Botanischen Garten, 1 Cluny Road, Singapur 259569 (Tanglin) | **ÖPNV** MRT CC 19/DT 9 Botanic Gardens, Bus 7, 77, 106, 123, 174 ab Orchard Boulevard bis Opposite Botanic Gardens | **Öffnungszeiten** täglich 5–24 Uhr | **Tipp** Wer Heimweh nach deutschem Essen hat, findet es in Restaurant und Laden von Huber's Butchery in der 22 Dempsey Road gegenüber dem Garten.

93_ St. Georges Glasfenster
Der Kaplan nimmt sein Geheimnis mit ins Grab

Festlich und still liegt die Kirche am Rande des lauten Ausgehviertels Dempsey Hill. Das rote Backsteingebäude ist wie eine Halle mit Satteldach und ohne Turm erbaut. So fügt sich die ehemalige Garnisonskirche in die Architektur der damaligen Militärbaracken, die sie umgeben.

Allerdings sticht das kleine Gotteshaus dank seiner Fassade heraus. Die orangeroten Backsteine aus Indien wurden kunstvoll mit Schmuckornamenten und Öffnungen für die Ventilation gemauert. Der britische Architekt William H. Stanbury entwarf die Kirche 1910 im klassischen romanischen Stil. Die großen Fensteröffnungen sind mit Rundbögen versehen. Auf der einen Seite sind sie mit weißen Holzlamellen gefüllt, auf der anderen Seite mit bunten Glasfenstern.

Diese bergen das Geheimnis der Kirche: Denn eingesetzt wurden sie erst 1955. Um die Originale ranken sich Legenden. Singapur kämpfte im Zweiten Weltkrieg gegen die heranrückenden Japaner. Truppen der Briten lagen in Dempsey Hill. St. George war ihre Garnisonskirche und mit wertvollen Kirchenfenstern ausgestattet. Der damalige britische Kaplan wollte sie vor der Zerstörung retten und hat sie deshalb wohl vergraben – an einem geheimen Ort, den nur er kannte. Nach dem Sieg der Japaner kam der Geistliche in Kriegsgefangenschaft und starb dort wie Tausende andere in den Lagern Singapurs.

Nach dem Krieg fing man an, intensiv nach den Fenstern zu suchen. Ohne Erfolg. Dann berichtete ein Soldat aus dem britischen Camp in Changi, dass sie dort kurz vor dem Fall der Stadt vergraben worden seien. Doch blieb diese Grabung ergebnislos. So wie alle anderen, die über Jahrzehnte folgten. Das nährte die Gerüchte, dass die vermissten Fenster vor der Ausschiffung ins sichere Australien bei einem Bombenangriff am Hafen zerstört worden seien. Der Kaplan konnte sein Geheimnis nicht mehr lüften.

Adresse St. George, 44 Minden Road, Singapur 248816 (Tanglin) | **ÖPNV** Bus 7, 77, 106, 123, 174 ab Orchard Boulevard bis Opposite Botanic Gardens | **Öffnungszeiten** Mo–Sa 8.30–16.30 Uhr, So 8–18.30 Uhr | **Tipp** Die ehemalige Ebenezer-Kapelle ein Stück weiter die Straße entlang beherbergt heute das Restaurant »The White Rabbit« in ihrem großen Kirchenschiff.

94 Die Straße von Malakka
Liefere Öl, kaufe Fernseher

Zugegeben: Eine Straße stellt man sich anders vor, eine Autobahn erst recht. Und doch: Die Straße von Malakka ist so etwas wie ein Highway der Hochsee. Direkt vor der Küste Singapurs, ein Grad und 15 Minuten nördlich des Äquators, liegt das untere Ende der Meerenge. 800 Kilometer misst die Lebensader zwischen Ost und West, zwischen Südchinesischem Meer und Andamanensee. Sie ist der kürzeste Wasserweg vom Absatzmarkt Europa und den Ölländern Arabiens nach Ostasien in die Fabriken der Welt, nach China, Korea und Japan. Tanker um Tanker mit Flüssiggas und Öl schieben sich in die eine, Containerschiffe beladen mit Fernsehern, Kleidung, Möbeln in die andere Richtung. Wer auf Sentosa wohnt, der Insel der Mehrfachmillionäre Singapurs, kann vom Balkon aus mit dem Fernglas den Zustand des Welthandels im Tagesrhythmus begutachten.

Die Zahl der Schiffe, die die Seidenstraße der See passieren, steigt stetig. 2015 waren es 222 Schiffe am Tag, im Durchschnitt fünf mehr als 2014 – mit 81.000 Schiffen im Jahr ein Rekord für die Meerenge. Im Jahr 2000 hatte die Zahl noch bei 64.000 Schiffen gelegen. Auf der Achse der Globalisierung wird an einem Tag mehr Öl transportiert, als ganz Deutschland in einer Woche verbraucht.

Wie durch ein Brennglas schärft die Straße von Malakka den Blick auf die Globalisierung. Die Spaltung zwischen Arm und Reich, zwischen Gewinnern und Verlierern, ist selten offensichtlicher als entlang ihrer Ufer: Hier das überreiche Singapur mit seinen Luxusyachten und Villen, auf der anderen Seite die Küste Sumatras mit ihren Hütten und Dörfern im Dunst. Klar, dass es hier auch Piraten gibt: Immer wieder greifen sie gerade die mittelgroßen Frachter an, vor allem, um Geld und Kupfer- und Messingteile zu stehlen. Manchmal aber entführen sie auch ein Schiff, um Lösegeld für Schiff und Mannschaft zu erpressen, oder sie pumpen das wertvolle Öl aus Tankern ab.

Adresse Sentosa Cove am Ocean Drive auf Sentosa | **ÖPNV** MRT CC 29/NE 1/S HarbourFront, dann den weißen Sentosa Cove Shuttlebus nehmen | **Tipp** Im Greenwood Fish Market auf dem Quayside Isle (31 Ocean Way) gibt es zu frischem Fisch und Meeresfrüchten einen Traumblick auf den Hafen.

95 — Der südlichste Punkt

Auf der Insel vor der Insel vor der Insel

Am Ende ist nichts als Wasser. Und dann das indonesische Sumatra, direkt gegenüber. Ein paar Containerschiffe dazwischen, auf dem Weg von China nach Rotterdam oder Hamburg. Geben wir es zu: Wirklich viel ist hier auf diesem Felsen nicht zu sehen. Aber dennoch ist die Insel vor der Insel vor der Insel ein ganz besonderer Platz in Singapur. Denn hier, so behaupten die Stadtväter mit tatkräftiger Unterstützung der Tourismusbehörde, liege der südlichste Punkt Festlandasiens.

Festlandasien? Gemeint ist die eurasische Landmasse, die sich ununterbrochen von Portugal im Westen bis eben in den Tropenstaat am Äquator erstreckt. Der hat drei Brücken bauen lassen, um sich noch ein wenig weiter gen Süden recken zu können – die erste führt vom malaysischen Johor Bahru nach Singapur, die zweite auf deren Spaßinsel Sentosa. Von deren Palawan Beach streckt sich noch einmal eine schmale Hängebrücke über das Wasser, um auf den Felsen zu gelangen, der als südlichstes Festland ausgewiesen ist. Dort erwartet die superlativsüchtigen Besucher dann ein schlichtes Holzschild, mit dem Hinweis, endlich am Ziel zu sein: »The Southernmost Point of Continental Asia«. Von hier, so erklärt ein zweites Schild mit Landkarte, seien es noch 136 Kilometer bis zum Äquator.

Damit es auf dem Felsen nicht allzu öde wird, wurden zwei hölzerne Aussichtstürme errichtet. Dunkelbraun gestrichen, mit Pagodendächern und miteinander über einen Steg verbunden. An guten Tagen schweift der Blick von hier oben bis fast zum neuen Industriegebiet Tuas, gelegen im Westen Singapurs.

Und da liegt das Problem: Denn der südlichste Punkt war hier nie. Der ein paar hundert Meter entfernte Tanjong Beach liegt noch südlicher, und die Landgewinnung Singapurs hat dafür gesorgt, dass auch das dem Meer abgerungene Tuas noch einmal ein gutes Stück näher am Äquator liegt. Dort aber kommt kein Tourist hin. Dort steht ja auch kein Schild.

Adresse Palawan Beach, Singapur 099981 (Sentosa) | **ÖPNV** MRT NE 1 / CC 29 HarbourFront, dann Sentosa Express bis Beach Station | **Öffnungszeiten** immer zugänglich | **Tipp** Wer Strand sucht, der findet ihn auf Sentosa. Am Tanjong Beach kann man auf den Liegen des Tanjong Beach Clubs bei Drinks und Musik chillen.

96 Das Tea Chapter
Entschleunigen wie die Queen

Wer Tee und Ruhe liebt, hat hier sein Haus gefunden. Der Hektik Chinatowns kann man in die wohltuende, fein duftende Atmosphäre dieser Räume entfliehen. Der Besucher fühlt sich gleich zu Hause in diesem Shophouse, das wie ein traditionelles Teehaus eingerichtet ist.

Natürlich dreht sich hier alles um Tee: Der nur leicht fermentierte Oolong aus Fu Jian ist die Spezialität, hinzu kommt der Imperial Golden Cassia. Die hiesige Prominenz gehört seit Langem zum Kundenstamm des Hauses, denn im zweiten Stock bietet das Tea Chapter handverlesene Sorten an. Den guten Geschmack muss man sich allerdings leisten können: 70 Singapur-Dollar für 50 Gramm werden aufgerufen.

13 Teeliebhaber haben das Tea Chapter 1989 gegründet. Ihre Philosophie ist es, alles Wissen über Tees und die Teezeremonie anzubieten und mit ausgesuchten Tees zu handeln. Damit behauptet sich das Tea Chapter bis heute als größtes Teehaus in Singapur. Natürlich gibt es das alles auch online. Doch nur hier kann man an den Tees riechen, sie probieren und das Erlebnis wahrer Teekultur erfahren.

So bleibt es nicht beim Einkauf: Das Tea Chapter bietet zum Tee auch kulinarische Spezialitäten, von Dragon Rice Balls über Dim Sum Platter bis zu Lychee Tea Jelly – traditionelle Köstlichkeiten aus China. Vor allem aber zeigt der Teegroßmeister Patrick Kang hier sein Können: Seit mehr als 20 Jahren zelebriert er die seit Jahrhunderten überlieferte Teezeremonie in diesen Teeliebhabern heiligen Hallen. Und schließlich offerieren die Tee-Fachleute Workshops und Kurse für Kunden, aber auch für Schulklassen. Hier geht es um die hohe Schule, jedem Tee die ihm gebührende Zubereitung zukommen zu lassen. Nur im richtigen Zusammenspiel entfaltet sich sein ganzes, wundervolles Aroma.

Das wusste übrigens auch schon Queen Elizabeth II. zu schätzen. Die Monarchin kehrte hier beim Staatsbesuch 1989 auf ein Tässchen ein. Und es war kein English Breakfast Tea.

Adresse 9 & 11 Neil Road, Singapur 088808 (Chinatown) | **ÖPNV** MRT EW 16 / NE 3 Outram Park | **Öffnungszeiten** Teehaus So–Do 11–21 Uhr, Fr / Sa 11–22.30 Uhr, Teeladen So–Do 10.30–21 Uhr, Fr / Sa 10.30–22.30 Uhr, Kurse buchen unter http://teachapter.com | **Tipp** Wem der Sinn nach etwas Herzhafterem steht: einfach die Straße entlang bis zur Nummer 120 an der Ecke zur Bukit Pasoh Road, dort liegt das Straßenrestaurant Chang Shun mit köstlichem Roasted Chicken Rice. Unbedingt probieren!

97 _ Der Thambi Magazine Store
Der Zeitungskönig Singapurs

Klar, es gibt Internet. Aber es gibt eben auch noch Papier. Und es gibt Mister Sam. Sam, der mit richtigem Namen P Senthilmurugam heißt, leitet den Thambi Magazine Store. Ein Eldorado für alle Anhänger des gedruckten Wortes und Bildes. Mehr als 4.000 Titel aus aller Herren Länder, Rätselhefte, Horoskope und Feng-Shui-Magazine bietet sein Kiosk in Holland Village, einem Viertel der gut betuchten Singapurer und vielen Ausländer.

Sams Großvater kam als Einwanderer nach Singapur. Sam wollte Seemann werden, wuchs aber in das Familiengeschäft hinein. Sein Vater hatte den Stand einst mit einem Tapeziertisch unter Plastikplanen auf der Rückseite eines Kinos gegründet. Heute residiert Sam entlang eines Fußgängerweges an einer belebten Kreuzung, die Magazine sind ordentlich in blauen Regalen aufgereiht. Sams Bruder liefert mitten in der Nacht noch die Tageszeitungen in den umliegenden Vierteln aus – ab drei Uhr morgens steckt er die einzelnen Teile, die direkt aus der Druckerei gebracht werden, mit seinen indischen Arbeitern zusammen. Sam fährt dann kurz darauf zu seinem Stand und ordnet die Morgenpresse. »Das Anordnen der Hefte und Zeitungen ist eine eigene Kunst: Man muss die Titel schon kennen, um sie richtig auszustellen.«

Am Stand, zu dem auch ein Geldwechsler gehört, arbeitet die ganze Familie, fast rund um die Uhr in wechselnden Schichten. Weil seine Kunden oft lange Urlaub machen oder auf Geschäftsreise sind, verpassen sie manche Ausgaben. Kein Problem: Sam hält auf einem eingezogenen Boden unter der Decke auch alte Ausgaben über ein paar Wochen vor. In Singapur herrscht Zensur, und manchmal kann auch Sam nicht weiterhelfen. Mit Magazinen wie »Cosmopolitan« oder »Maxim« habe er immer wieder Probleme gehabt. In leichten Fällen von Nacktheit aber überklebt er die Brustspitzen der Models auf dem Titel einfach mit dem Preisschild – Zensur umgangen.

Adresse Ecke 211 Holland Avenue/Lorong Liput, Singapur 258967 (Holland Village) | **ÖPNV** MRT CC 21 Holland Village | **Öffnungszeiten** täglich 7–22 Uhr | **Tipp** Durstig? Frisch gepresste Früchte in allen Variationen gibt es günstig bei 88 Holland Village Fresh Fruit Juice im Holland Village Market & Food Centre schräg gegenüber.

98 The Projector
Indie statt Indien

Filmfestspiele in Singapur. Die Fans ziehen durch die diversen Kinosäle der Stadt. Alles moderne, bestens gepolsterte Orte, meist ohne Charme und austauschbar. Und dann das. Wer den Ort nicht kennt, findet den Eingang kaum. Irrt durch den benachbarten Golden Mile Complex. Schlägt sich durch Gänge voller Thai-Restaurants und Bars, Reiseagenturen und Massagesalons. Der Komplex wird nicht ohne Grund auch Little Thailand genannt.

Der Weg zum Kino aber lohnt sich. Und eigentlich ist er einfach zu haben: Denn im Eingangsfoyer des Towers gibt es Lifts. Viel großartiger indes ist die spiralförmige Wendeltreppe, original aus dem Baujahr 1974. Sie bietet einen sportlichen Aufstieg.

Im fünften Stockwerk liegt das Kino, das so ganz anders ist als alle anderen. Seine schlichten Stühle strahlen die Atmosphäre der Cafeteria einer Kunsthochschule aus. Nur die Bar ist aufwendiger gestaltet. Die beiden Kinosäle, der Green Room und der Red Room, sind fast ursprünglich erhalten und erinnern mit ihren sehr steil ansteigenden Klappsitzreihen auf Betonböden an alte Fußballstadien. Nur der Langnese-Mann fehlt.

Den jungen Machern dieses Kinos kommt es vor allem auf die Qualität der gezeigten Filme an. Sie wollen die gute Kinotradition dieses Ortes wieder aufleben lassen. Denn Anfang der 70er Jahre lag hier das größte Lichtspielhaus der Stadt, das Golden Theatre, mit 1.500 Plätzen, in einem Bau, der der avantgardistischste seiner Zeit war, mit Wohnen, Einkaufen, Kultur und Arbeit auf engstem Raum.

Mit Crowdfunding haben die jungen Filmenthusiasten ihren Traum verwirklicht. Sie zeigen in den zwei kleineren Sälen Klassiker der Filmgeschichte, junge Filmemacher. Alle handverlesen. Indie-Kino halt. Geld verdient wird im dritten Stock. Hier liegt der Hauptsaal des früheren Golden Theatre. Heute heißt er Rex Cinema, bietet fast tausend Sitze. Und zeigt Bollywood-Schinken aus Indien.

Adresse 6001 Beach Road, #05-00, Golden Mile Tower, Singapur 199589 (Kampong Glam) | ÖPNV MRT CC5 Nicoll Highway | Öffnungszeiten Di–Fr 18.30–21 Uhr, Sa/So 13–21 Uhr | Tipp Ein Geschmackserlebnis offenbart das Restaurant Folklore mit authentischer Peranakan-Küche. Im Destination Hotel gleich nebenan, 700 Beach Road.

99__ The Red House
Tinder anno 1925

Hier sollte es nach Kaffee und Kuchen riechen. Tut es aber nicht. Zumindest nicht so wie früher. Dabei haben sich alle angestrengt, die guten alten Zeiten wieder aufleben zu lassen. Die aber reichen bei der Roten Bäckerei so weit zurück, dass das nicht einfach ist.

In den 1920er Jahren machte hier die Katong Bakery & Confectionery auf. Die Rote Bäckerei, wie sie aufgrund ihrer Fassadenfarbe schnell hieß, war ihren Nachbarn ein Lieblingsort für Kaya-Frühstück und Curry-Teigtaschen. Dabei wirkte das Café so wie ein Wiener Kaffeehaus: Die alten Besitzer bedienten ihre Gäste, die an Marmortischen und auf Bauhaus-Stühlen saßen. Gegründet worden war die Bäckerei von einem Juden namens Jim Baker, 1925 übernahm sie ein Chinese. Das Haus allerdings gehörte einer islamischen Stiftung (Wakaf), die von der Ururgroßtochter von Hajjah Fatimah (siehe Kapitel 63) geführt wurde. Bekannt war es für seine Biskuitrollen, aber auch für sein Match-Making: In den Zeiten vor Tinder brachten hier Eltern ihre Nachkommen hinter Wandschirmen zusammen, damit sie sich über ein Stück Kuchen in aller Ruhe verlieben konnten.

2003 aber galt das rote Haus als baulich gefährdet. Es wurde geschlossen, die Einrichtung bis hin zu den Brettern, auf denen die Kuchen auskühlten, ging an Museen und Sammler, die Betreiber wanderten ins Altenheim, und für lange Zeit verschwand das Gebäude hinter einem hohen Bauzaun. Jahre später aber ist die Rote Bäckerei wiedergeboren – wenn auch in ganz anderer Erscheinung. Das Haus wurde mit großer Mühe restauriert, alte Bauteile wurden verwendet, schon das Brennen der Bodenfliesen im alten Stil ist eine Geschichte für sich. Allein um die alten Fenster nachzubauen, musste der einzige Singapurer Handwerker, der dazu noch in der Lage war, aus der Rente geholt werden.

Nun residiert hier eine Kaffeehauskette. Und zum Match-Maken streicht man auf Tinder nach rechts.

Adresse 63 East Coast Road, Singapur 428782 (Katong) | **ÖPNV** MRT CC 8 Dakota, dann Bus 10 bis Opposite Roxy Square | **Öffnungszeiten** täglich 7.30–21.30 Uhr | **Tipp** In der Koon Seng Road stehen prächtige Shophouses aneinandergereiht. Pastellfarben, stuckverziert und mit Fledermausemblemen versehen, sind sie eine west-östliche Stilmischung.

100_ The Substation
Haus unter Strom

Es ist kein einfacher Ort, an dem die Substation liegt. Mitten im historischen Herzen Singapurs, links das Peranakan-Museum, rechts das Nationalmuseum und im Rücken Fort Canning, wo die Geschichte der Stadt ihren Lauf nahm. Und doch passt das einstige Umspannwerk hierhin. Denn nur einen Steinwurf entfernt stehen auch die Singapore Management University mit ihren Tausenden von Studenten und die Kunsthochschule. So wie sie verkörpert der Bau aus den 20er Jahren des vergangenen Jahrhunderts mit seinen vier grauen Säulen und den grünen Fenstern ein neues Singapur, ein anderes.

Bis in die 70er Jahre wurde die Stromfabrik noch als solche genutzt. In ihrem Garten lagerten die Arbeiter Maschinen und Kabeltrommeln. Dann blieb das wuchtige Haus leer. Seit den 90ern aber steht es wieder unter Strom: Denn der Dramaturg Kuo Pao Kun hatte vorgeschlagen, das verfallende Gebäude in ein Zentrum für bildende Kunst zu verwandeln. Zeitgleich wurden mehrere Nachbarhäuser entlang der Armenian Street unter Denkmalschutz gestellt. Gut eine Million Dollar und vier Jahre später öffnete die neue Substation ihre Pforten.

Es war wie ein Befreiungsschlag: Plötzlich hatte die so lange übersehene Kunstszene der Metropole ein Zuhause. Und was für eins. Kun war sein erster künstlerischer Leiter. Er öffnete sein Haus Gruppen, die heute führend im Kunstbetrieb der Stadt sind, damals aber nur wenigen bekannt waren. Hier konnten sie noch vor der Jahrtausendwende experimentieren, Wagnisse eingehen, fast so, als gäbe es weder Zensur noch Sittenwächter in Singapur. Literatur, Tanz, Theater und Musik hatten plötzlich eine Art geschützten Raum – natürlich nur innerhalb der staatlichen Grenzen, die aber hier weit ausgelegt wurden. Unterfüttert wird das Programm seit 1993 durch Kunstkonferenzen, die in Frage zu stellen wagen, was in der Stadt als herrschende Meinung gilt.

Adresse 45 Armenian Street, Singapur 179936 (Kolonialviertel) | **ÖPNV** MRT CC 2 Bras Basah | **Öffnungszeiten** Mo – Fr 10 – 19 Uhr, außer bei Events | **Tipp** Zeitgenössische Kunst findet sich in der Mulan Gallery ein kleines Stück weiter die Straße entlang.

101 Der Thow Kwang Dragon Kiln

Das Feuer darf nicht für immer verlöschen

Meist schläft er. Den Kopf unten, zieht sich sein massiger Körper in Wellen 40 Meter den Hügel hoch, ganz oben die Schwanzspitze. Seine Schuppen sind aus ziegelroten Backsteinen – denn dieser Drache ist ein Ofen, der älteste in Singapur.

Er schläft in einem der letzten Stücke des Dschungels. Der große Drachenofen, und ein kleiner Bruder nebenan, sind die beiden letzten der ehemals mindestens zehn Öfen, die hier im Kampong, einem Dorf mitten im Urwald, angesiedelt waren. Die Erde ist sehr lehmig und ideal zum Töpfern. Das Handwerk hatte sich gelohnt, die Öfen waren voll ausgelastet: Blumentöpfe, Urnen, Vasen, Figuren – alles wurde handgedreht. Aber Chinas Öffnung überschwemmte den Markt mit günstigen Massenprodukten. Das war das Ende der meisten Töpfereien.

Heute wird wieder mehr auf Qualität und Einzigartigkeit geachtet. Das ist auch Tan Thow Kwang und seiner jungen Nichte und Töpfermeisterin zu verdanken, die das Erbe der 3.000 Jahre alten chinesischen Tradition der Drachenofenbrennerei bewahren wollen. Zweimal im Jahr lassen sie den Drachen deshalb erwachen. Dann werden die meist von Künstlern geschaffenen rohen Tonwaren im fünf Meter breiten Rumpf platziert, vorn im Kopf wird das Holzfeuer entfacht und die Temperatur auf fast 1.300 Grad gebracht. Das dauert mindestens 24 Stunden. Die richtige Temperatur erkennt der erfahrene Brenner an der Farbe des Feuers. Die Tür wird zugemauert, die Hitze zieht nun von vorn nach hinten und entweicht aus dem Schwanz. Der Ofen brennt bis zu einer Woche und braucht dann ebenso viel Zeit zum Abkühlen. Durch ein Seitenfenster kann man einen Kontrollblick auf das Brenngut werfen. Die Ergebnisse sind einzigartig: Jedes Töpfergut ist ein Unikat, abhängig von Brenndauer, Standort im Ofen und der Art des Feuerholzes.

Adresse 85 Lorong Tawas, Singapur 639823 (Kranji) | **ÖPNV** MRT EW 27 Boon Lay, dann Bus 199 bis Before Lorong Danau | **Öffnungszeiten** täglich 9–17 Uhr, Buchungen unter https://thowkwang.com.sg | **Tipp** Ausflug aufs Land: Mit dem Kranji Countryside Express geht's ab MRT Kranji zu Bio-Farmen, Ziegen-, Frosch- und Koi-Züchtern und zum Sungei Buloh Wetland.

102 Das Tor zum Wissen
Zwei Bögen, ein Gedanke

Wer in den 50er Jahren des vergangenen Jahrhunderts durch dieses Tor schritt, wusste, was die Stunde geschlagen hatte. Elfenbeinfarben stehen die drei Bögen da, gewaltig, hoch, würdig und mit grünen Dachziegeln geschützt. Stein, der zur Demut zwingt. Über dem mittleren Bogen prangt gut sichtbar die Jahreszahl 1955.

Damals eröffnete die Nantah University. Deren erste Studenten mussten durch dieses Tor schreiten, wollten sie die Lehrgebäude erreichen. Jahrgänge folgten. Jeden Morgen mahnte das Tor sie zu Würde und Ehrfurcht. Denn sie waren die Ersten, die im jungen Stadtstaat studierten, und sollten sich der Größe ihrer Aufgabe bewusst werden.

Die drei Bögen symbolisieren die drei Elemente der traditionellen chinesischen Philosophie: Tian steht für den Himmel, Di für die Erde und Ren für Menschheit und Zivilisation. Damit nicht genug. Die drei Bögen erinnern auch an die drei Qualitäten, die die Studenten durch Fleiß und Konzentration erwerben sollten, um später die Elite des Stadtstaates zu bilden: Da Cai ermahnt zur Weisheit, einen Staat zu lenken. Chang Cai symbolisiert die Fähigkeit, Handel und Geschäfte zu betreiben. Und Qing Cai umfasst die Ethik eines Menschen.

Die Universität Nantah schloss 1980 und wurde im selben Jahr von der heute hoch angesehenen Nanyang Technological University abgelöst. Das Tor, das Mitte des vergangenen Jahrhunderts die Studenten noch zur Demut mahnte, fand in der Zeit des Aufbruchs keinen rechten Platz mehr. Heute steht es isoliert und fast vergessen an der Autobahn Pan Island Expressway (PIE). Weil es aber ein Zeugnis der frühen Singapurer Gesellschaft und der eingewanderten Hokkien-Chinesen mit ihrem Bildungshunger und Fleiß war, findet sich ein Nachbau im heutigen Yunnan-Garten. 1995 wurde er vor der früheren – wunderschönen – Bibliothek der Nantah und deren altem Verwaltungsgebäude errichtet.

Adresse an der Jurong West Street 93, Singapur 642987 (Jurong) | **ÖPNV** MRT EW 28 Pioneer, dann zu Fuß oder Taxi bis zum Yunnan Park | **Öffnungszeiten** immer | **Tipp** Das Paradies für Vogelliebhaber ist der Jurong Bird Park, der größte Asiens (Angebote der Singapurer Tierparks unter www.wrs.com.sg).

103 — Die Traditionsrösterei
Margarine, Zucker und die richtige Bohne

Das muss man können: Die Familie um den Kaffeeröster Tan Bong Heong versteht sich auf die Herstellung der klassischen Singapurer »Kopi«-Sorten (siehe Kapitel 51) und westlicher Gourmet-Mischungen. Ihre Rösterei in der Balestier Road ist einer der letzten familiengeführten Betriebe dieser Art in der Millionenmetropole. Lam Yeo heißt im Hokkien-Dialekt »das südliche Meer« – so wie das in Singapur immer wieder genutzte Wort »Nanyang« in Mandarin. Beide Begriffe stehen bei den Chinesen für Chancen, Hoffnungen und Träume.

Die Träume der Tans haben sich erfüllt. Ihre Rösterei sitzt seit 1959 im selben Shophouse. An der Einrichtung hat sich seit den Anfängen nicht viel geändert. Noch immer stehen die deckenhohen Teakregale ringsum an den Wänden, gefüllt mit alten Kaffeetassen, Büchsen und Fässern, in denen früher Kaffeebohnen gelagert wurden. In der Mitte dann die zweistöckige Theke mit den Kaffeebehältern aus den 50ern, befüllt mit zehn verschiedenen Kaffeebohnensorten. In den zwei Mühlen werden die Signature-Mischungen aus den besten Bohnen Südostasiens gemahlen. Alles hier ist noch so wie im Tante-Emma-Laden mit seinen Bonbongläsern.

Die begehrtesten Sorten sind immer noch die für den Singapurer »Kopi«, den es in den lokalen Coffee Shops und den Hawker Stalls der Märkte gibt. Die Bohnen werden mit Zucker und Margarine geröstet: So entsteht der wunderbare, leicht karamellisierte Geschmack. Ob mit oder ohne Zucker, mit Kondensmilch oder schwarz oder mit Eis getrunken, immer setzt sich dieser typische Singapurer Ton durch.

Die Singapurer lieben Kaffee, und so gibt es jetzt auch eine Kaffeemesse. Lam Yeo aber bleibt sich treu: Die Familie möchte nicht mehr und nicht weniger als Kaffee rösten. Tan erklärt sein Geheimnis damit, die besten Bohnen auszuwählen. Er weiß, wie man sie am besten röstet, und hat ein Gespür für die idealen Mischungen. Seine Kunden schätzen dies seit Jahrzehnten.

Adresse Lam Yeo Coffee Powder Factory, 328 Balestier Road, Singapur 329760 (Balestier) | **ÖPNV** MRT NS 20 Novena, dann Bus 21, 124, 130, 131 oder 145 bis After Pegu Road | **Öffnungszeiten** Mo–Sa 9–17 Uhr | **Tipp** Ein Stück weiter bei Boon Tong Kee in der Nummer 399 der Straße gibt es klassische chinesisch-singapure Spezialitäten wie Hainanese Chicken Rice.

104 Die URA

Ein Modell der Stadt der Zukunft

URA ist das Kürzel für Urban Redevelopment Authority, was auf Deutsch übersetzt das Stadtplanungsamt ist. Klingt also erst mal nach Behörde und deshalb nicht unbedingt besuchenswert.

In Singapur würde man da aber etwas verpassen. Denn hier wird nicht nur eine Stadt, sondern gleich ein Staat geplant. Und das für dessen Bewohner und jeden Besucher sichtbar: Über zwei Geschosse der URA erstreckt sich ein Modell, das allen, die es wissen wollen, erklärt, wie die Zukunft der Tropeninsel aussehen wird und woher sie kam.

Die Planung folgt einem Masterplan, der schon 1958 erstellt wurde. Seit 1998 wird er alle fünf Jahre überdacht und angepasst. Denn die Entwicklung Singapurs ist so rasant wie in kaum einer anderen Stadt der Welt. Der kleine rote Punkt – the little red dot –, wie sich Singapur selbst betitelt, braucht die ständige Weiterentwicklung, um überleben zu können. Die Insel ohne Bodenschätze sucht dafür Ideen. Und die URA ist der Mastermind: Flächennutzung, Bebauungspläne, Denkmalschutz, Infrastrukturprojekte – hier liegt die Schnittstelle zwischen Umweltverträglichkeit und Wirtschaftsentwicklung, werden Parkraum und öffentliche Parks ausgewiesen, Wasserreservoirs angelegt, Inseln und Land aufgeschüttet und unterirdische Lebensräume erdacht.

Ausstellungen erklären die großen Themen der Stadt, wie deren Versorgung mit Wasser und Energie. Eine Modellwerkstatt bestückt in liebevoller Kleinarbeit die riesige Holzplatte. Die Miniaturstadt auf ihr wächst von Jahr zu Jahr. So kann man den aktuellen Bestand und die Projekte der Zukunft jederzeit nachvollziehen. Man sieht, wie die Marina Bay weiter bebaut werden soll. Oder wo der künftige Hafen liegen wird. Man sieht aber auch, wie Raffles die verschiedenen Viertel angelegt hat, wie der Singapur River und seine Zuflüsse die Bebauung maßgeblich beeinflusst haben. Und wie grün die Stadt ist.

Adresse 45 Maxwell Road, Singapur 069118 (Chinatown) | **ÖPNV** MRT EW 15 Tanjong Pagar | **Öffnungszeiten** Mo–Sa 9–17 Uhr | **Tipp** Vor der Haustür liegt das Maxwell Food Centre, eines der beliebtesten und besten Hawker Centres der Stadt.

105 Die vertikalen Gärten
Der Dschungel klettert die Häuser hoch

Die Natur ist in Singapur mehr als Baum und Strauch. Sie ist ein Investitionsgut. Der selbst gewählte Werbespruch ist längst Programm: Aus der »Garden City« der 1970er Jahre wurde in den 2000ern die »City in the Garden« – verdichteter, moderner, aber immer grün. Denn Grün ist in Singapur Wirtschaftsfaktor und Wettbewerbsvorteil. Wie aber kann eine rasch wachsende Stadt ihr Grün bewahren und sogar vermehren? Das bebaubare Land der Insel wird immer knapper, die Straßenbepflanzung in der Innenstadt ist ausgereizt. So bleibt nur der Blick nach oben.

Aus Frankreich stammt der Trend der vertikalen Begrünung. Während dessen prominente Vertreter, der Architekt Jean Nouvel und der Botaniker Patrick Blanc, sich in europäischen Breitengraden oft mit dem schlichten Erhalt des Grüns abmühen, herrschen dank des tropischen Klimas in Singapur ideale Verhältnisse, um grüne Wände erfolgreich hochzuziehen. Aber selbst hier am Äquator braucht das Grün eine ausgeklügelte, unsichtbare Technik. Die Living Green Facades bestehen aus heimischen Pflanzen und werden von einem automatischen Bewässerungssystem versorgt. Oft wachsen sie auch als Hydrokulturen. So entstehen Wolkenkratzer im grünen Mantel, wie der Oasia-Hotelturm an der Grenze zu Chinatown. Dort vermitteln Gärten auf mehreren Etagen den Eindruck einer vertikalen Oase. Und wir wären nicht in Singapur, würde sich das Grün nicht rechnen: Staub, Lärm und Sonnenlicht werden gefiltert, Häuser brauchen deutlich weniger Klimaanlagen und sparen damit Energie und Geld. Vor allem aber hat die Äquatorinsel erkannt, dass lebenswerte Städte Investoren, Arbeitskräfte und Touristen anziehen.

Deshalb ist Singapur so stolz auf seine tropisch-technisierte grüne Stadtlandschaft. Galt bislang der Bambus als Sinnbild asiatischer Stärke, überwuchert ihn inzwischen das nie verwelkende Grün der Fassaden: Es steht für die Anpassungsfähigkeit einer dynamischen Gesellschaft.

Adresse am Oasia Hotel, 100 Peck Seah Street, Singapur 079333 (Chinatown) | **ÖPNV** MRT EW 15 Tanjog Pagar | **Öffnungszeiten** Hotelbetrieb | **Tipp** Der Tippling Club in der 38 Tanjong Pagar Road zählt zu den 50 besten Bars Asiens 2017.

106 — Das Victoria Theatre
Wegwerfen? Geht gar nicht!

Eine alte Dame wird geliftet, geschminkt und frisiert. Und siehe da: Sie strahlt im schönsten Glanze. Und wird so zum Symbol Singapurs für die neu entdeckte Wertschätzung des Alten und Überlieferten. Die Victoria Theatre and Concert Hall ist sowieso ein Schmuckstück. Besser gesagt: Sie besteht aus zwei Schmuckstücken, die zusammengefügt wurden: dem Victoria Theatre, der ältesten Bühne der Stadt, fertiggestellt 1862, und der Konzerthalle aus dem Jahr 1905. Lange schlummerte das Duo im Tiefschlaf und stand kurz vor dem Verfall, obwohl es an der ersten Adresse der Stadt gelegen ist, an der Mündung des Singapore River.

Doch es war, als warteten Bühne und Konzerthaus auf eine Erweckung. Die kostete schlappe 158 Millionen Singapur-Dollar und brauchte einige Jahre. 2014 aber war geschafft, was niemand erwartet hatte. Aus den zwei Altbauten war das modernste Kunsthaus der Stadt geworden. Wichtiger noch: Die Planer von W Architects nutzten so viele der vorgefundenen Baumaterialien wie möglich: Das Foyer wurde schallgedämpft, indem sie die drei Zentimeter dicken Rücklehnen der früheren Sitze aus dem Theater auf die Wände montierten. Die gusseisernen Beschläge der Stühle führen nun als Halter der hölzernen Wandpaneele im Konzertsaal ein zweites Leben. Und die früheren Seitenteile tragen das neue Geländer.

Damit schufen die Architekten einen Trend: Denn eigentlich wird in der hochmodernen Stadt gern weggeworfen, was sich überlebt hat. Recycling? Fehlanzeige. Das »Victoria« aber macht vor, wie es geht. So wie bei seiner Turmuhr. Sie wurde erst 1906, ein Jahr nach der Eröffnung der Gebäude, fertig. Der Spender mit deutschen Wurzeln zahlte nicht rechtzeitig. Die Uhr mit ihrem Durchmesser von vier Metern kostete damals 6.000 Dollar – heute wären dies gut zwei Millionen. Ihre englischen Konstrukteure renovierten sie 2012. Manches dauert eben etwas länger im Victoria Theatre. Aber das Warten lohnt sich.

Adresse 9 Empress Place, Singapur 179556 (Kolonialviertel) | **ÖPNV** EW 13 / NS 25 City Hall | **Öffnungszeiten** täglich 10–21 Uhr | **Tipp** Auf der frei zugänglichen Dachterrasse der National Gallery Singapore (1 St Andrew's Road) liegen zwei Lounges mit phantastischem Ausblick auf die Skyline, ab mittags geöffnet mit Drinks und kleinen Gerichten.

107__Wan Qing Yuan
Der Revolutionär in der Villa

Eigentlich hatte Teo Eng Hock die Villa, deren luftiger Stil im britischen Singapur nicht unüblich war, 1905 als Ruhesitz für seine Mutter gekauft. Heute ist das großzügige Haus zum Denkmal für den inzwischen seltenen Baustil geworden. Berühmt aber wurde es wegen seines Dauergastes Anfang des 20. Jahrhunderts, dem chinesischen Republikaner Sun Yat Sen. Heute ist die Villa Museum für die enge Verbindung des Revolutionärs mit der Region Nanyang.

Sun hatte Teo Eng Hock im Sommer 1905 bei einer Reise von Japan nach Europa kennengelernt. Überzeugt von der Idee Suns, die Quing-Kaiser zu vertreiben und eine Republik in China auszurufen, holte sich Teo die Erlaubnis seiner Mutter, den Denker als Gast zu beherbergen. Dem scheint es im weitläufigen Haus gefallen zu haben, denn 1906 gründete er hier den Singapurer Arm der Tongmenghui, der Chinesischen Revolutionären Allianz. Wan Qing Yuan, wie das Haus bis heute genannt wird, wurde der Sitz der Umstürzler. Von hier aus steuerten sie die drei Aufstände 1907 und 1908. Und hier entwarf Sun die Fahne der Republik China, die Teos Frau dann abends zusammennähte. Schließlich gelang es den Aufständischen um Sun Yat Sen, den verhassten Kaiser in China 1911 zu vertreiben.

Das Haus verkaufte Teo 1910. Wohlhabende Chinesen übertrugen es 1938 an die Chinesische Handelskammer. Die Regierung der Chinesischen Republik steuerte das Geld bei, es in ein Museum für Suns Bewegung zu verwandeln. Doch es ging noch durch verschiedene Hände, bevor es seine Bestimmung fand: Am 100. Jahrestag der chinesischen Revolution von 1911 eröffnete die Denkmalbehörde die Gedenkstätte. Im Garten finden sich zwei Bronzestatuen des einstigen Führers der Chinesen, der heute in Taiwan verehrt wird – einmal sitzend und einmal stehend mit wehenden Rockschößen, so als dächte er gerade über die Zukunft seiner Heimat nach.

Adresse Sun Yat Sen Nanyang Memorial Hall, 12 Tai Gin Road, Singapur 327874 (Toa Payoh) | **ÖPNV** MRT NS 19 Toa Payoh, dann drei Stationen mit Bus 139 oder 145 bis Zongshan Mall | **Öffnungszeiten** Di–So 10–17 Uhr, Führungen unter http://sysnmh.org.sg | **Tipp** Die buddhistische Lian Shan Shuang Lin Monastery (184 Jalan Toa Payoh) ist eine sehr weitläufige, schöne Anlage mit Tempel und siebenstöckiger Pagode.

108 Der Whampoa Dragon Fountain

Sag mir, wo die Drachen sind ...

Hier steht noch einer. Aufrecht reckt er seinen Kopf mit dem aufgerissenen Maul gen Himmel, streckt seinen gewaltigen Körper mit den klauenbesetzten Vorder- und Hinterpfoten, so als wollte er gleich in die Lüfte steigen. Fast wünscht man es ihm, so realistisch ist der Moment der Bewegung dargestellt. Doch dieser Drache ist eine Brunnenfigur, seine farbenfrohen Schuppen sind aus zerbrochenem Porzellan, und er steht fest auf seinem Sockel vor einem Wohnblock.

Früher gab es viele dieser Figuren auf der Insel, nur wenige sind der rasanten Stadtentwicklung entkommen. Und auch diese hat deutlich bessere Tage gesehen, wie ältere Anwohner beklagen. Damals war die Skulptur beleuchtet, und im Brunnen war Wasser.

Dabei ist der Drache in Asien das Symbol für Stärke und Macht, und in der Feng-Shui-Lehre ist er sogar das mächtigste Tier von allen. Er ist tief verwurzelt in der asiatischen Kultur, viele Singapurer glauben an seine mythische Kraft. Nach Feng-Shui-Verständnis ist ganz Singapur Drachenland. Fünf Drachen schlängeln sich imaginär über das Land, ein zentraler und vier für jede Himmelsrichtung. Jeder Drache zeichnet sich durch eine Eigenschaft, ein Element und eine Farbe aus. Die wichtigsten Drachen der Insel sind der zentrale und der südliche. Sie stehen für Reichtum und Wohlstand. Entlang ihrer Körper gelingen Geschäfte besonders gut, wie etwa an der Orchard Road. Die höchste Energie aber besitzt das Gebiet um den Kopf: Fort Canning Hill, Mount Emily, Pearl's Hill, um nur einige zu nennen. Der Finanzbezirk Marina Bay liegt im Einflussgebiet gleich dreier Köpfe und besitzt deshalb glänzendes Entwicklungspotenzial.

Der Drache in Whampoa ist eine der wenigen noch erhaltenen Skulpturen. Anwohner wollen ihn als Zeitzeugen behalten. Doch sicher ist das nicht, wenn selbst der Fünf-Drachen-Brunnen am Fuß vom Fort Canning Hill schon abgerissen wurde.

Adresse vor Block 85 am Whampoa Drive, Singapur 320085 (Whampoa) | **ÖPNV** MRT NE 9 Boon Keng, dann weiter mit Taxi | **Tipp** Die Straße zurückgehen Richtung Balestier Road, dort findet sich »Sing Hon Loong«, eine der nur noch wenigen typischen Singapurer Toastbrotbäckereien.

109 __ Das Ying-Fo-Fui-Kun-Clan-Haus

Heimat in der Fremde

Singapur, die Stadt der Immigranten: Praktisch keiner von jenen, die hier 1819 bei der Gründung lebten, empfand die Stadt als seine Heimat. Jeder aber sah eine Chance, hier schnell Geld zu verdienen. Und blieb deshalb. Trotzdem herrschte Heimweh. Die Tamilen, oft als Arbeitssklaven von den Briten eingesetzt, sehnten sich zurück in die Sonne Südindiens. Und die Chinesen, teils Kulis, aber bald schon gut betuchte Geschäftsleute, wollten zumindest im Dorf ihrer Geburt in Festlandchina beerdigt werden. Sie alle träumten von der Rückkehr.

Um ihnen den Einstieg in die fremde Stadt zu erleichtern und sie bei der Stange zu halten, entstanden die Clan-Häuser. Hokkien, Teochew, Kantonesen oder Hakka konnten miteinander kaum reden – zu unterschiedlich waren ihre Muttersprachen. Auch deshalb schufen sie alle sich hier ein Stück Heimat in der Fremde.

Die erste Clan-Gruppe soll Tsao Ah Chih, der Koch von Stadtgründer Sir Stamford Raffles, schon im Jahr der Ankunft 1819 gegründet haben. 80 Jahre später zählte die heranwachsende Stadt schon mehr als 50 Clan-Clubs. Die Mitglieder halfen sich gegenseitig, man feierte gemeinsam Feste, manche bauten ihre eigenen Tempel, und am Ende sorgte der Clan sogar wie eine Versicherung für die Rückführung der Gebeine nach China. Millionen Dollar sammelten die Mitglieder auch für die Verteidigung Chinas gegen die japanische Invasion. Ein Beispiel für eines der zahlreichen Clan-Häuser in Chinatown ist Ying Fo Fui, der erste Club der Hakka-Chinesen in Singapur. Sie schufen sich schon 1822 ihren Clan, das Haus bauten sie 1844. Bis heute hat es nur einen Eingang, aber keine Fenster – so spiegelt es eines der traditionellen Hakka-Dörfer wider, die mit einem Wall befestigt waren. Zugleich aber symbolisiert das Haus die geschlossene Gesellschaft, zu der Fremde keinen Zutritt haben. Und die deshalb Ruhepunkt und Sehnsuchtsort ist.

Adresse 98 Telok Ayer Street, Singapur 048474 (Chinatown) | **ÖPNV** MRT DT 18 Telok Ayer | **Öffnungszeiten** Mo–Sa 9–17 Uhr, So 11–17 Uhr | **Tipp** Der malerische taoistische Thian Hock Keng Temple in der 158 Telok Ayer Street wurde aufwendig restauriert und zeigt so seine ursprüngliche Farbenpracht und meisterliche Handwerkskunst.

110_ Der Youth Olympic Park
Vergilbte Erinnerungen an junge Athleten

Etwas verschämt stehen sie ja da, die Palmen. Wie bestellt, aber nie abgeholt. Dabei erinnern die drei Reihen, fein säuberlich in Reih und Glied, an ein Megaereignis für Singapur. Der Stadtstaat war im August 2010 erster Ausrichter der Olympischen Jugendspiele. Jedes Olympische Komitee der teilnehmenden Länder erhielt eine Palme – diejenige Deutschlands findet sich in der ersten Reihe, zweite von rechts, am Springbrunnen vor dem Marina Bay Sands.

Die Palmen sind nur Teil der Installation, die an die Spiele erinnert. Wer die Helix-Brücke überquert, findet rechter Hand den fast vergessenen, kleinen Youth Olympic Park. Zu seiner Ausstattung trugen Kunstwerke von Singapurer Jugendlichen bei. Kernstück der Überbleibsel der Spiele ist das riesige Floß, das vor der Tribüne liegt: Auf der größten Schwimmbühne der Welt vor 25.000 Sitzplätzen fanden Eröffnungs- und Abschlussveranstaltung der Spiele statt, seitdem wird es für zahlreiche Großereignisse genutzt.

Die Spiele waren in Singapur mindestens so umstritten wie das weltweit bewunderte Nachtrennen der Formel 1, das der Stadtstaat für viel Geld seit 2008 ausrichtet. Dabei war die Stimmung in der Stadt in jenen Wochen im Sommer 2010 phantastisch – Singapur zeigte sich weltoffen, Tausende Helfer standen mit Rat und Tat zur Seite, mehr als 3.500 junge Athleten wurden zu Botschaftern der Insel. Doch die Bevölkerung haderte: Viele Stadien blieben halb leer, und mancher meckerte so laut, wie es in Singapur eben erlaubt ist, das Ganze sei erstens sinnlos, weil für die Stadt nichts abfalle, und zweitens viel zu teuer.

Das ist natürlich Unfug. Denn Singapur gelang es dank der Fernsehbilder, seinen Ruf zu polieren – von einer langweiligen Fine City zu einer modernen Spaß-Metropole. Das lässt sich mit Gold nicht aufwiegen. Die Schilder unter den Palmen sind zwar schon weitgehend vergilbt. Der Effekt, den sie damals auslösten, aber hält an.

Adresse Raffles Avenue an der Helix Bridge und entlang der Marina Bay Promenade vor dem Marina Bay Sands, 018956 (Marina Bay) | **ÖPNV** MRT CE 1 / DT 16 Bayfront | **Tipp** Nur das beste internationale Design versammelt sich im Red Dot Design Museum im Pavillon rechts neben dem Marina Bay Sands, viele preisgekrönte Stücke kann man im Museumsshop erwerben.

111 _ Die Zehn Höllenhöfe
Dantes Inferno auf Chinesisch

Jeden Freitagabend gibt es hier eine Führung in die Hölle. Dabei wirkt die Haw Par Villa auf den ersten Blick ganz friedlich.

Wer durch das große chinesische Eingangstor in den Themenpark tritt, trifft auf riesige Gipsfiguren, die in allen Farben leuchten – wofür seit 67 Jahren Mr. Teo den Pinsel schwingt.

Seine Tiger, Dämonen, Prinzessinnen und Kämpfer stehen an den gewundenen Wegen den Hügel hinauf. Und entführen in die phantastische Welt der chinesischen Mythen, vermitteln die Weisheiten des Lebens.

Dann aber wird es ernst. Ein erstes Schild weist den Weg in die »Zehn Höfe der Hölle«. Das zweite warnt davor, Kinder ohne Begleitung ihrer Eltern den Höllenschlund betreten zu lassen. Dieser wird flankiert von Wächtern mit Ochsenkopf und Pferdegesicht, die die Seelen nach chinesischer Tradition in den Vorhof treiben. Dort hat König Qinguang das Sagen: Er trennt die Guten von den Schlechten. Letztere finden sich im Inferno wieder. Grellbunt werden hier alle erdenklichen Marterungen der Sünder dargestellt – Szenen, die schon manchen Singapurer Schüler bis tief in seine Träume verfolgt haben. Dantes Inferno sieht auch nicht viel anders aus, Hieronymus Bosch mag dieselben Alpträume durchlitten haben.

Doch gibt es ein Ende der Qualen: König Zhuanglun schickt die Gepeinigten zu einer alten Dame. Sie verabreicht ihnen den Tee des Vergessens. Nun können sie wiedergeboren werden. Dem Gutmenschen Aw Boon Haw, der die Kräutersalbe Tiger Balm groß machte (siehe Kapitel 24), war es ein Anliegen, seine Mitmenschen zu belehren. Sie sollten sich mit Leben, Tod und dem Leben nach dem Tod beschäftigen. Dafür schuf er 1937 diesen Park; zunächst ein – schier unglaubliches – Geschenk für seinen Bruder Aw Boon Par. Der wohnte am oberen Ende des Parks in seiner eigenen Villa mit sieben Zimmern. Von dort blickte er auf die offene See, mehr als tausend Statuen und auf Leben und Tod.

Adresse Haw Par Villa, 262 Pasir Panjang Rd, Singapur 118628 (West Coast) | **ÖPNV** MRT CC 25 Haw Par Villa | **Öffnungszeiten** täglich 9–19 Uhr, Führung Freitagabend | **Tipp** Im alteingesessenen Manhill Restaurant (99 Pasir Panjang Road), isst man meist unter Einheimischen, es gibt gutbürgerliche chinesische Küche.

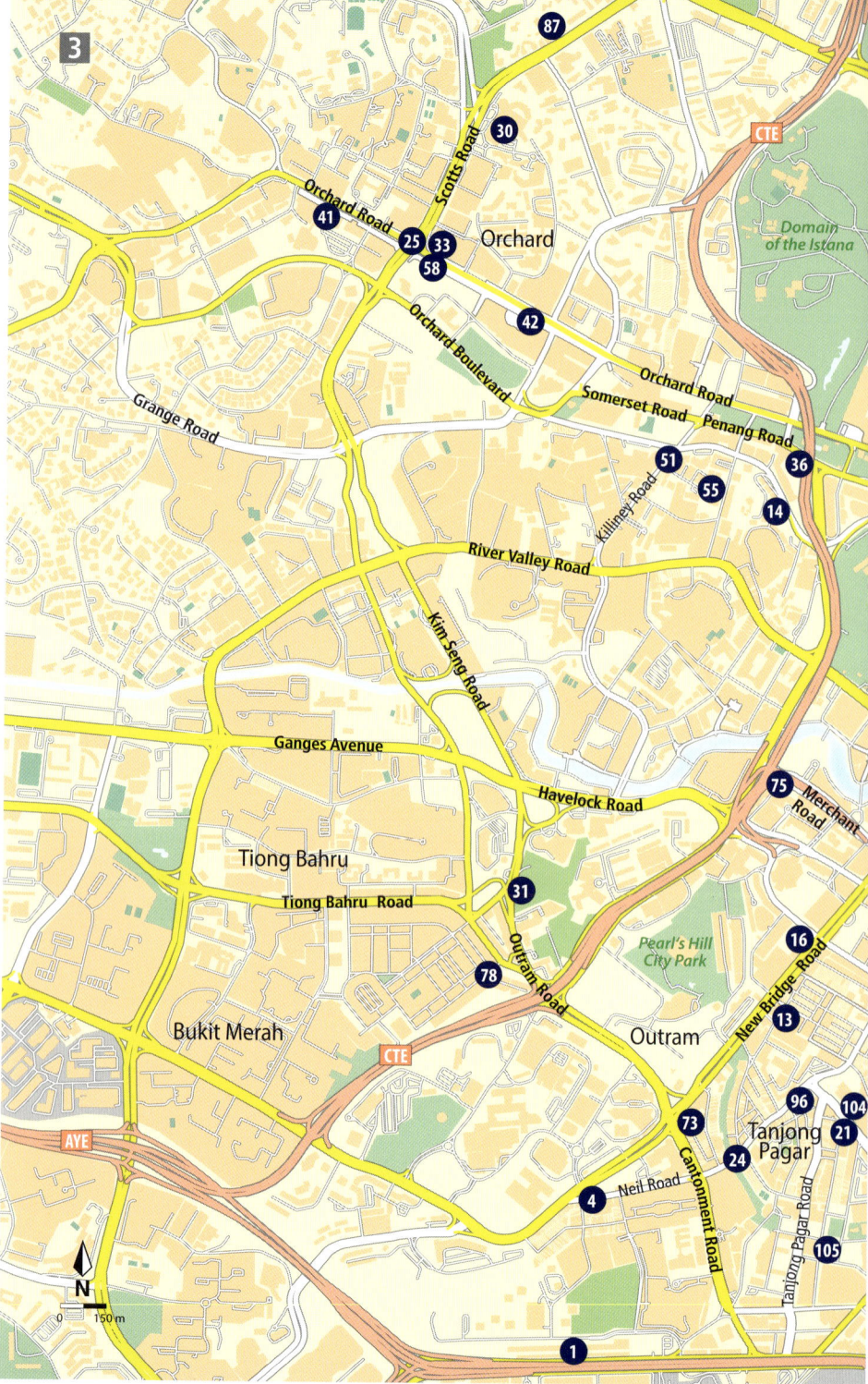

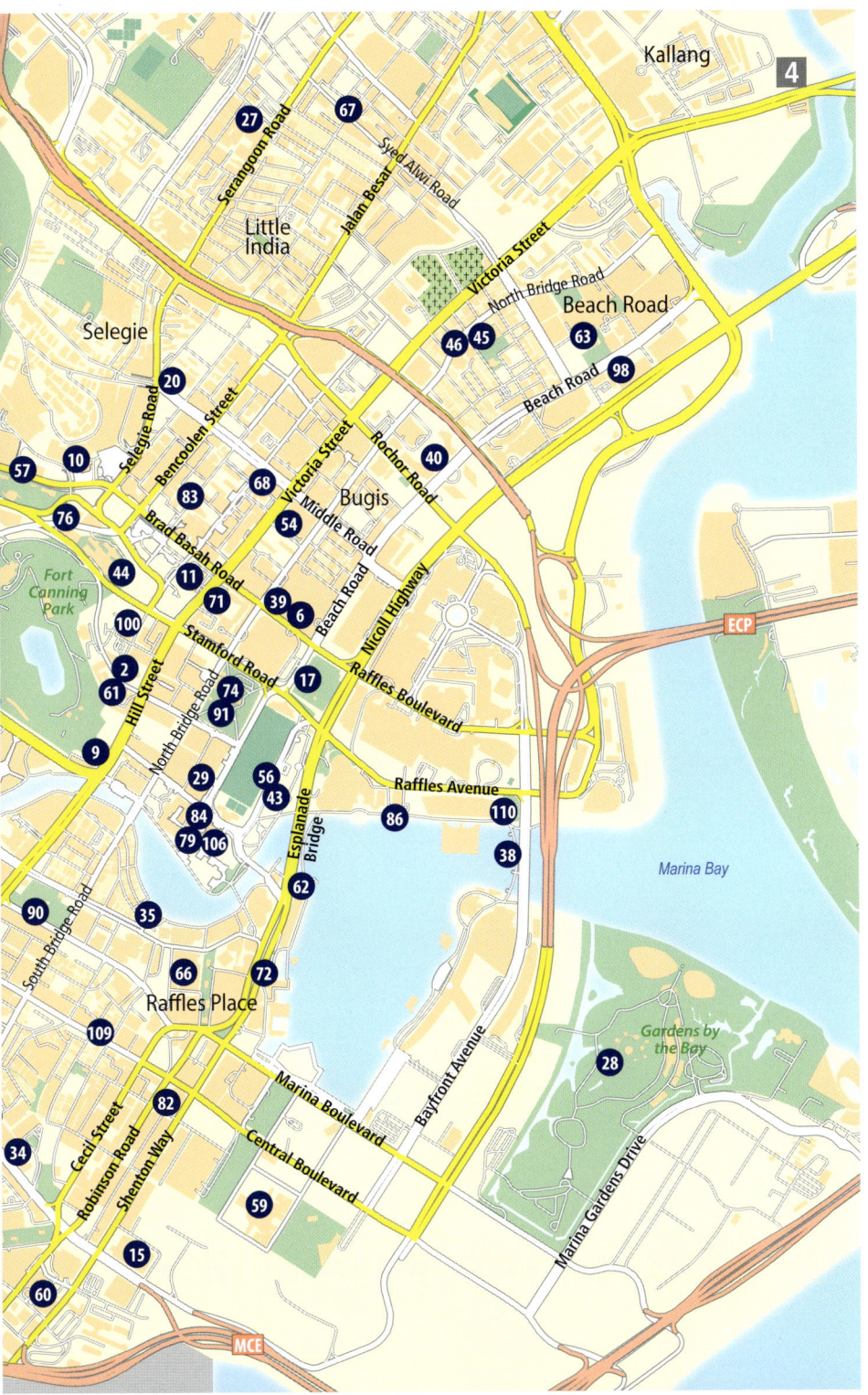

Stefanie Thiedig, Xie Kaijin
111 Orte in Peking, die man gesehen haben muss
ISBN 978-3-7408-0250-9

Kathrin Bielfeldt, Raymond Wong, Jürgen Bürger
111 Orte in Hongkong, die man gesehen haben muss
ISBN 978-3-95451-914-9

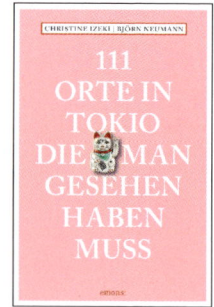
Christine Izeki, Björn Neumann
111 Orte in Tokio, die man gesehen haben muss
ISBN 978-3-7408-0117-5

Jo-Anne Elikann
111 Orte in New York, die man gesehen haben muss
ISBN 978-3-95451-512-7

Amy Bizzarri, Susie Inverso
111 Orte in Chicago, die man gesehen haben muss
ISBN 978-3-7408-0355-1

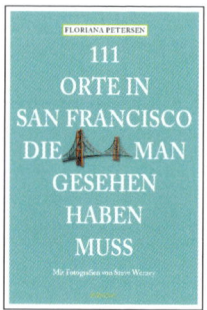
Floriana Petersen
111 Orte in San Francisco, die man gesehen haben muss
ISBN 978-3-95451-750-3

Gordon Streisand
111 Orte in Miami und auf den Keys, die man gesehen haben muss
ISBN 978-3-95451-846-3

Dirk Engelhardt
111 Orte in Barcelona, die man gesehen haben muss
ISBN 978-3-95451-066-5

Dorothee Fleischmann, Carolina Kalvelage
111 Orte in Budapest, die man gesehen haben muss
ISBN 978-3-95451-744-2

Ralf Nestmeyer
111 Orte an der Côte d'Azur, die man gesehen haben muss
ISBN 978-3-95451-563-9

Annett Klingner
111 Orte in Rom, die man gesehen haben muss
ISBN 978-3-95451-219-5

Sybil Canac, Renée Grimaud, Katia Thomas
111 Orte in Paris, die man gesehen haben muss
ISBN 978-3-95451-847-0

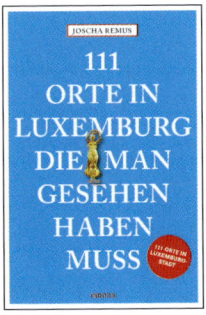

Joscha Remus
111 Orte in Luxemburg (Stadt), die man gesehen haben muss
ISBN 978-3-7408-0363-6

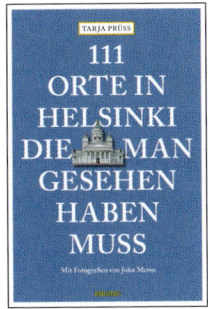

Tarja Prüss, Juha Metso
111 Orte in Helsinki, die man gesehen haben muss
ISBN 978-3-7408-0342-1

Peter Eickhoff, Karl Haimel
111 Orte in Wien, die man gesehen haben muss
ISBN 978-3-89705-969-6

Gerd Wolfgang Sievers
111 Orte in Venedig, die man gesehen haben muss
ISBN 978-3-95451-352-9

Beate C. Kirchner
111 Orte in Florenz und im Norden der Toskana, die man gesehen haben muss
ISBN 978-3-95451-513-4

Jan Gralle, Vibe Skytte, Kurt Rodahl Hoppe
111 Orte in Kopenhagen, die man gesehen haben muss
ISBN 978-3-7408-0243-1

Marx de Morais
111 Orte in Turin und im Piemont, die man gesehen haben muss
ISBN 978-3-95451-736-7

Kai Oidtmann
111 Orte in Island, die man gesehen haben muss
ISBN 978-3-95451-829-6

Laszlo Trankovits, Rüdiger Liedtke
111 Orte in Kapstadt, die man gesehen haben muss
ISBN 978-3-95451-456-4

Fabrizio Ardito
111 Orte in Umbrien, die man gesehen haben muss
ISBN 978-3-7408-0238-7

Fabrizio Ardito
111 Orte auf Malta, die man gesehen haben muss
ISBN 978-3-7408-0356-8

Benjamin Haas, Leonie Friedrich
111 Orte in Buenos Aires, die man gesehen haben muss
ISBN 978-3-95451-835-7

Franziska Lô
111 Orte in Costa Rica, die man gesehen haben muss
ISBN 978-3-7408-0245-5

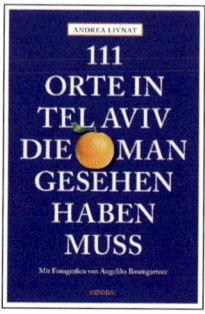

Andrea Livnat, Angelika Baumgartner
111 Orte in Tel Aviv, die man gesehen haben muss
ISBN 978-3-95451-703-9

Cornelia Ziegler, Chris Sindermann
111 Orte auf Kreta, die man gesehen haben muss
ISBN 978-3-95451-540-0

Beate C. Kirchner,
Jorge Vasconcellos
111 Orte in Rio de Janeiro, die man gesehen haben muss
ISBN 978-3-95451-843-2

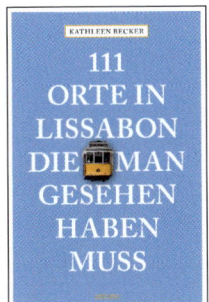

Kathleen Becker
111 Orte in Lissabon, die man gesehen haben muss
ISBN 978-3-7408-0244-8

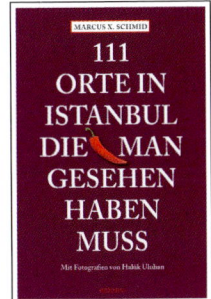

Halûk Uluhan,
Marcus X. Schmid
111 Orte in Istanbul, die man gesehen haben muss
ISBN 978-3-95451-333-8

Franziska Lô
111 Orte in Costa Rica, die man gesehen haben muss
ISBN 978-3-7408-0245-5

Lucia Jay von Seldeneck,
Verena Eidel, Carolin Huder
**111 Orte in Berlin, die man gesehen haben muss
Band 2**
ISBN 978-3-95451-207-2

Matěj Černý, Marie Peřinová
111 Orte in Prag, die man gesehen haben muss
ISBN 978-3-95451-927-9

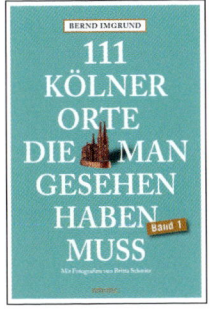

Bernd Imgrund
**111 Kölner Orte, die man gesehen haben muss
Band 1**
ISBN 978-3-89705-618-3

Rike Wolf
111 Orte in Hamburg, die man gesehen haben muss
ISBN 978-3-89705-916-0

Peter Eickhoff
111 Düsseldorfer Orte, die man gesehen haben muss
ISBN 978-3-89705-699-2

Die Autoren

Fast 20 Jahre in Singapur hinterlassen ihre Spuren: **Dr. Christoph Hein** und **Sabine Hein-Seppeler** haben sich längst an die Freundlichkeit der Menschen hier und die Vielfalt ihrer Kulturen gewöhnt. Der Korrespondent der Zeitung, hinter der immer ein kluger Kopf steckt, und die Ärztin und Reisebuchautorin haben den »little red dot«, als den sich Singapur selbst auf der Landkarte sieht, längst in ihr Herz geschlossen. Sie streifen gerne durch die Stadt, um deren Geheimnisse Stück für Stück zu entschlüsseln. Das braucht viel Zeit – aber die nehmen sie sich, wenn sie nicht gerade Bücher schreiben, mit ihrer Tochter im restlichen Asien unterwegs sind, oder den Münsteraner Regen in ihrer Heimat genießen.